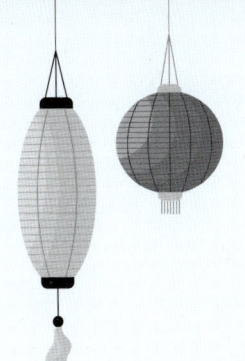

일본 한자음
쉽게 이해하기

이경철 저

S 시원스쿨닷컴

일본 한자음
쉽게 이해하기

초판 1쇄 발행 2025년 8월 20일

지은이 이경철
펴낸곳 (주)에스제이더블유인터내셔널
펴낸이 양홍걸 이시원

홈페이지 www.siwonschool.com
주소 서울시 영등포구 영신로 166 시원스쿨
교재 구입 문의 02)2014-8151
고객센터 02)6409-0878

ISBN 979-11-6150-548-0 13730
Number 1-510000-18183000-06

이 책은 저작권법에 따라 보호받는 저작물이므로 무단복제와 무단전재를 금합니다. 이 책 내용의 전부 또는 일부를 이용하려면 반드시 저작권자와 ㈜에스제이더블유인터내셔널의 서면 동의를 받아야 합니다.

머리말

　필자는 히로시마대학에서 한자음 관련 논문으로 박사 학위를 취득하고, 2002년 동국대학교에 부임한 이래 일본어학개론, 일본어사를 비롯하여, 일본 한자음에 관련한 강의를 20년 이상 지속해 오고 있습니다.

　그 동안 대학원에서도 일본 한자음에 관련한 후학을 양성하여, 현재까지 일본 오음, 한음, 당송음, 상대어 표기 한자음, 한국 한자음의 모태, 베트남 한자음, 중국 상고음, 운경, 한화사전, 한자음 학습에 관련한 박사 연구자를 배출하였으며, 한자음에 관련한 많은 석사 인력도 배출해 왔습니다.

　한국어와 일본어는 계통적으로 아주 밀접한 관계에 있어, 어순도 동일하고 문법 체계도 유사하여 다른 언어에 비해 많은 일본어 학습자가 쉽게 접근할 수 있는 언어라고 할 수 있습니다.

　단지 한국어와 일본어는 음운 체계가 크게 다르며, 이에 따라 양국의 한자음에 큰 차이가 나타나기 때문에 일본의 한자음 읽기는 한국인 학습자에게 큰 난관으로 다가옵니다

　더구나 한국 한자음은 대부분 하나의 발음으로 읽지만, 일본 한자음은 기본적으로 오음과 한음이라는 두 가지 발음이 존재하며, 그 밖에도 당음과 관용음이 있어 한자음 학습에 어려움이 더해집니다.

　그러나 오음과 한음도 한국 한자음과 유사한 시기인 중국 중고음을 모태로 하고 있습니다. 단지 양국어의 음운 체계가 다르기 때문에 처음부터 서로의 음운 체계에 맞춰 다른 모습으로 수용되어, 자국어의 음운 변화에 따라 지금의 아주 상이한 모습으로 변하게 된 것입니다.

　이로 인해 많은 일본어 학습자가 어떤 한자를 접했을 때 '아마 이런 발음이 아닐까?' 하고 생각했는데, 그것이 맞기도 하고 전혀 다른 발음이라 '왜 이런 발음이 되지?' 하고 의아해한 경험이 누구나 있을 것입니다.

　이 책은 일본 한자음 학습에 어려움을 겪는 한국인 학습자에게 중국어 음이 한국어와 일본어에 어떻게 수용되고 한일 양국어의 음운 변화에 따라 어떻게 변하여 지금에 도달했는지를 학문적 틀을 유지하면서도 쉽게 이해할 수 있도록 이를 유형별로 구성하여 학습자가 스스로 생각하며 연습할 수 있도록 구성하였습니다.

　부디 이 책이 일본어 한자음 학습에 어려움을 겪는 한국인 학습자에게 스스로 생각하며 학습하여 한일 한자음의 대응 관계를 이해하는 데 도움이 되기를 바랍니다.

2025년 여름 동국대 만해관에서 두 손 모아

奇潭 이경철

차례

머리말   3

제1강 한국과 일본의 한자 및 한자음   7

제2강 [한국]은 왜 [カンコク]인가?   15
    - [ㄱ], [ㅎ]의 대응 -

제3강 [일본]은 왜 [ニホン]인가?   23
    - [ㅇ], [ㅂ]의 대응 -

제4강 [ダイズ]는 [daidu]였다   33
    - [ㄷ]은 夕행과 대응한다 -

제5강 일본어에는 [ㅅ]과 [ㅈ]의 구별이 없었다   41
    - [ㅅ], [ㅈ]의 대응 -

제6강 탁음은 오음 청음은 한음! 비음은 오음 탁음은 한음!   51
    - 유성음과 비음의 대응 -

제7강 [하늘 텬] [싸 디]   59
    - 한국어와 일본어의 음운 변화 -

제8강 [사진]은 왜 [シャシン]인가?   69
    - [아] 계열의 대응 -

제9강 상대上代 일본어에는 [어]가 있었다   83
    - [어] 계열의 대응 -

제10강	[오] 계열의 대응	99
제11강	右[우]와 有[유]는 원래 같은 음音?	109
	- [우] 계열의 대응 -	
제12강	愛는 애[ai]가 아니라 이[ɐi]였다	121
	- [애] 계열과 [에] 계열의 대응 -	
제13강	金의 [금]이 [김]보다 오래된 음이다	135
	- [이], [으], [의] 계열의 대응 -	
제14강	[수출]이 왜 [그シュツ]인가?	147
	- 관용음과 다음자 -	

| 부록 | 연습 문제 · 읽기 연습 정답 | 160 |
| | 주요 참고 문헌 | 164 |

제1강
한국과 일본의 한자 및 한자음

학습 목표

1. 일본 한자음의 종류를 이해한다.
2. 중국 중고음中古音의 체계를 이해한다.
3. 한일 한자음의 대응 관계를 이해한다.

1. 이 수업에서 학습할 것

| 日　本　漢　字　音 |
| 일　본　한　자　음 |
| ニ　ホン　カン　ジ　オン |

日	일	ニチ/ジツ
本	본	ホン
漢	한	カン
字	ㅈ → 자	ジ
音	음	オム → オン

- 한국 한자음에 대한 일본 한자음의 대응을 규칙화할 수 있다!
- 중국 중고음의 음운 체계 및 그 변화, 그리고 한국 한자음과 일본 한자음의 수용을 알 수 있다!
- 일본어와 한국어의 음운 변화에 따른 자음형의 변화를 알 수 있다!

2. 상용한자표 常用漢字表(ジョウヨウカンジヒョウ)

일본에서는 일상생활에 자주 쓰이는 한자를 2010년에 2,136자로 정하여 사용하고 있다. 이는 1981년의 상용한자 常用漢字 1,945자를 개정한 것이다.

3. 일본 한자음의 종류

일본 한자음은 오랜 세월에 걸쳐 중국의 한자음을 점차적으로 받아들였기 때문에 그 모태가 된 시기와 지역에 따라 고음古音, 오음吳音, 한음漢音, 신한음新漢音, 가마쿠라 송음鎌倉宋音, 에도 당음江戸唐音으로 나눌 수 있으며, 그 밖에 관용음慣用音이 있다. 더욱이 각 한자는 2가지 이상의 음으로 읽히는 경우가 많다.

(1) 고음古音(コオン)

중국의 중고음中古音으로 해석할 수 없는, 즉 상고음上古音 계통의 자음字音이 일본에 전달된 것으로, 만요가나萬葉仮名(マンヨウガナ)의 음독 표기에만 일부 남아 있으며, 한자음漢字音으로 남아 있는 것은 없다.

가타가나片仮名(カタカナ)의 [ト]와 히라가나平仮名(ひらがな) [と]의 자원字源이 되는 [止] 등이 이에 해당한다.

(2) 오음吳音(ゴオン)

5세기를 전후해서 중국 남부 지방(오吳나라)의 음이 백제百濟를 통해 일본에 전래된 음으로, 백제음百濟音(クダラオン), 화음和音(ワオン), 대마음對馬音(ツシマオン)이라고도 한다. 주로 생활에 밀접한 한어漢語나 불교 관계 용어에 남아 있으며, 현재 일본에서 한음漢音 다음으로 많이 사용되고 있다.

(3) 한음漢音(カンオン)

8-9세기에 일본의 견당사遣唐使들이 들여온 당唐나라 장안음長安音으로 현재 일본에서 가장 사용률이 높다. 예를 들어 日 자의 [ニチ]는 오음吳音, [ジツ]는 한음漢音이다.

(4) 신한음新漢音(シンカンオン)

한음漢音의 이식 단계에서 가장 새로운 층에 해당하는데, 현재 대부분 이를 따로 분류하고 있지 않다.

예 音韻(オンイン)

(5) 당송음唐宋音(トウソウオン)

중국의 송대宋代 말기에 해당하는 가마쿠라鎌倉 초기의 송음宋音(ソウオン・ソウイン)과 중국의 명대明代에 해당하는 에도江戶 시대에 이식된 당음唐音(トウオン・トウイン)의 두 층으로 구별할 수 있다. 그러나 이 두 계통의 자음字音에 대한 명칭은 엄밀하게 구별하고 있지 않다.

예 行脚(アンギャ), 椅子(イス)

(6) 관용음慣用音(カンヨウオン)

오음吳音, 한음漢音, 당음唐音처럼 명확하게 중국 한자음에서 기원을 찾을 수 없거나 일반적인 일본어의 음운 변화音韻變化와 다르게 변형된 음이다.

예 輸出(ユシュツ), 忍耐(ニンタイ)

<일본 한자음의 제층>

	京	明	英	政
동음東音	경	명	영	정 → 정
오음吳音	キャウ→ キョウ	ミャウ→ ミョウ	X	シャウ→ ショウ
한음漢音	ケイ	メイ	エイ	セイ
당음唐音	キン	ミン	X	X

위의 표처럼 한국 한자음은 대부분 하나의 자음만을 사용하고 있지만, 일본 한자음은 각 한자마다 오음吳音, 한음漢音, 당음唐音이라는 세 가지 자음을 가진 경우도 있으며, 오음吳音과 한음漢音의 두 가지 자음을 가진 경우와 하나의 자음만을 가진 경우도 존재한다.

그런데 위의 각 한자는 한국 한자음에서 -jəŋ으로 읽히는데, 이것이 오음吳音에서는 -jau → -jou로, 한음漢音에서는 -ei로, 당음唐音에서는 -iN으로 공통적으로 대응하고 있음을 알 수 있다.

이처럼 한국 한자음과 일본 한자음은 기본적으로 대응 관계를 이루고 있다.

3. 중국 중고음中古音

(1) 한어漢語의 시대 구분

한어漢語의 시대 구분은 학자마다 다소 차이가 있으며, 중고음中古音에 대해서도 다소 차이를 보이지만, 중고 한어中古漢語를 절운음切韻音을 기준으로 하고 있다는 점에 대해서는 대부분 일치하고 있다.

① 남북조음南北朝音(약 420년~589년): 옥편玉篇, 경전석문經典釋文의 자음 체계字音體系

② 절운음切韻音(약 589년~750년): 절운切韻, 현응玄應 일체경음의一切經音義의 자음 체계字音體系
③ 진음秦音(약 750년~830년): 혜림慧琳 일체경음의一切經音義의 자음 체계字音體系

일본 한자음의 오음吳音은 5세기 남조음南朝音을, 한음漢音은 8-9세기 진음秦音을 모태로 하고 있으며, 한국 한자음 역시 남북조음南北朝音과 절운음切韻音이 중축을 이루고 있으며 여기에 진음秦音이 일부 혼입되어 있다. 따라서 한일 한자음을 비교할 때는 중고음中古音을 기준으로 해야 한다. 또한 오음吳音과 한음漢音의 구별, 한국 한자음 각 자음字音마다의 모태음의 판별을 위해서는 중고음中古音을 위와 같은 3기로 구별해야만 한다.

(2) 성모聲母

성모聲母란 반절상자反切上字에 해당하는 부분으로, 음절音節의 앞부분인 초성 자음初聲子音을 지칭하는 말인데, 보음輔音, 성聲, 뉴紐, 성뉴聲紐라고도 한다. 또한 자모字母란 같은 성모聲母를 가진 대표자로, 같은 초성 자음初聲子音을 나타내는 발음 기호와 같은 것이다. 이러한 성모聲母를 모두 통틀어 말할 때 성류聲類라고 한다.

예를 들어 家, 改, 高, 九, 己, 江, 工, 見 등은 모두 k라는 초성 자음初聲子音을 가진 성모聲母로, 이처럼 많은 성모聲母의 같은 초성 자음初聲子音 k를 나타내기 위하여 見을 대표로 내세워 초성 자음初聲子音 k를 나타내는 자모字母로 삼았다. 따라서 견모見母라고 하면 영어의 k나 한국어의 [ㄱ]과 같은 초성 자음初聲子音을 나타내는 발음 기호라고 생각할 수 있다.

성운학聲韻學에서는 성모聲母를 조음 위치調音位置에 따라 아牙, 설舌, 순脣, 치齒, 후음喉音의 5음계音系로 구분한다. 설음舌音은 설두음舌頭音과 설상음舌上音으로, 치음齒音은 치두음齒頭音과 정치음正齒音으로, 순음脣音은 중순음重脣音과 경순음輕脣音으로 나눌 수 있고, 치음齒音과 설음舌音에서는 반치음半齒音과 반설음半舌音을 따로 설정하고 있다.

또한 성운학聲韻學에서는 조음 방법調音方法에 따라 청淸, 차청次淸, 탁濁, 청탁자淸濁字로 구분한다. 청자淸字는 전청全淸이라고도 하며 무성 무기음無聲無氣音을, 차청자次淸字는 무성 유기음無聲有氣音을, 탁자濁字는 전탁全濁이라고도 하며 유성음有聲音을, 청탁자淸濁字는 차탁次濁, 반청반탁半淸半濁, 불청불탁不淸不濁이라고도 하며 비음鼻音을 의미한다.

중고 한어中古漢語의 41자모字母를 조음 위치調音位置와 조음 방법調音方法에 따라 구분하면 다음과 같다.

	청清	차청次清	탁濁	청탁清濁
아음계牙音系	見 k	溪 kʰ	群 g	疑 ŋ
후음계喉音系	影 ʔ	曉 h	匣 ɦ	于 ʾi
				喩 ʼi
설음계舌音系	端 t	透 tʰ	定 d	泥 n
	知 ṭ	徹 ṭʰ	澄 ḍ	娘 ṇ
반설음半舌音				來 l
순음계脣音系	幫 p	滂 pʰ	並 b	明 m
	非 f	敷 fʰ	奉 v	微 ɱ
치음계齒音系	精 ts	淸 tsʰ	從 dz	
	莊 tʃ	初 tʃʰ	牀 dʒ	
	照 tɕ	穿 tɕʰ	神 dʑ	
	心 s		邪 z	
	山 ʃ			
	審 ɕ		禪 ʑ	
반치음半齒音				日 ɲ

(3) 운모韻母

운모韻母란 반절하자反切下字, 즉 음절音節의 초성 자음初聲子音을 제외한 개음介音, 주모음主母音, 종성終聲과 성조聲調를 합친 부분을 지칭하는 말인데, 성운학聲韻學에서는 개음介音을 운두韻頭, 주모음主母音을 운복韻腹, 종성終聲을 운미韻尾라고 한다. 또한 운목韻目이란 성모聲母에서의 자모字母와 같이 같은 운모韻母를 가진 자를 대표하여 발음 기호처럼 나타낸 것이다. 이러한 운모韻母를 모두 통틀어 말할 때 운류韻類라고 한다.

예를 들어 干, 安, 寒, 單, 炭, 難, 散 등은 모두 an이라는 주모음主母音, 종성終聲을 가진 운모韻母로, 이처럼 많은 운모韻母의 같은 주모음主母音, 종성終聲 an을 나타내기 위하여 寒을 대표로 내세워 주모음主母音, 종성終聲 an을 나타내는 운목韻目으로 삼았다. 따라서 한운寒韻이라고 하면 영어의 an이나 한국어의 [안]과 같은 초성 자음初聲子音 이외의 부분을 나타내는 발음 기호라고 생각할 수 있다. 『광운廣韻』에서는 206운韻으로 나누었고, 이 206운韻을 성조聲調와 개음介音의 유무有無를 무시하고 주모음主母音이 유사하고 운미韻尾가 같은 것을 큰 그룹으로 모은 것이 16섭攝이다.

요점 정리

- 일본 한자음은 그 모태가 된 시기와 지역에 따라 고음古音, 오음吳音, 한음漢音, 신한음新漢音, 가마쿠라 송음鎌倉宋音, 에도 당음江戶唐音으로 나눌 수 있으며, 그 밖에 관용음慣用音이 있는데, 이 중에서 오음吳音과 한음漢音이 중축을 이루고 있다.

- 한국 한자음과 일본 오음吳音, 한음漢音은 5세기부터 9세기 사이의 중국 중고음中古音을 모태로 하고 있기 때문에 양국 한자음은 규칙적인 대응 관계를 이루고 있다.

- 성모聲母는 초성 자음初聲子音을 말하며, 조음 위치調音位置에 따라 아牙, 설舌, 순脣, 치齒, 후음喉音의 5음계音系로, 조음 방법調音方法에 따라 청淸, 차청次淸, 탁濁, 청탁자淸濁字로 구분한다.

- 운모韻母는 초성 자음初聲子音을 제외한 개음介音, 주모음主母音, 종성終聲과 성조聲調를 합친 부분을 지칭하는 말인데, 중고음中古音에는 206운韻이 있으며, 이 206운韻을 성조聲調와 개음介音의 유무有無를 무시하고 주모음主母音이 유사하고 운미韻尾가 같은 것을 큰 그룹으로 모은 것이 16섭攝이다.

연습 문제

다음 (　　) 안에 알맞은 단어를 넣으시오.

1. 현재 일본에서 사용하고 있는 상용한자표常用漢字表는 (　　　)년에 개정된 것으로, 일상생활에 자주 쓰이는 한자 2,136자를 수록하고 있다.

2. 일본 한자음은 그 모태가 된 시기와 지역에 따라 고음古音, 오음吳音, 한음漢音, 신한음新漢音, 가마쿠라 송음鎌倉宋音, 에도 당음江戶唐音으로 나눌 수 있는데 이 중에서 가장 중축을 이루고 있는 것은 (　　　)와 (　　　)이다.

3. 중국 한자음은 성모聲母와 운모韻母로 나눌 수 있는데, 어두 자음에 해당하는 것이 (　　　)이며, 이 어두 자음을 제외한 나머지 부분이 (　　　)이다.

제2강

[한국]은 왜 [カンコク]인가?

- [ㄱ], [ㅎ]의 대응 -

복습

- 상용한자표常用漢字表
- 오음吳音과 한음漢音
- 성모聲母와 운모韻母

학습 목표

1. 한국 한자음 [ㄱ], [ㅎ]과 일본 한자음 カ행의 대응을 이해한다.
2. ハ행 음의 음운 변화를 이해한다.
3. 탁자濁字의 차청자화次淸字化를 이해한다.

1. 한국 한자음 [ㄱ]

한국 한자음 [ㄱ]은 중국 중고음中古音의 견모見母 k, 계모溪母 k^h, 군모郡母 g → k^h를 모두 [ㄱ]으로 반영한 것이다.

이는 중고음中古音의 아음계牙音系에 속하는데, 그 중고음 아음계牙音系와 그 반영을 정리하면 다음과 같다.

성모聲母		중고음中古音			오음 吳音	동음 東音	한음 漢音
		남북조음 南北朝音	절운음 切韻音	진음 秦音			
청清	見	k			k	k	k
차청次清	溪	k^h					
탁濁	群	g		k^h	g		
청탁清濁	疑	ŋ		^ng		'ø	g

(1) 견모見母 k의 예

한자漢字	동음東音	한음漢音	오음吳音	사적 변천史的變遷	운운韻
歌	가	カ			歌개1
果	과	カ		クワ → カ	戈합1
高	고	コウ		カウ → コウ	豪개1
九	구	キュウ	ク	キウ → キュウ	尤개3을
綱	강	コウ		カウ → コウ	唐개1

견모見母 k는 한국 한자음이나 일본 한자음의 오음吳音, 한음漢音 모두 같은 k로 출현한다.

(2) 계모溪母 k^h의 예

한자漢字	동음東音	한음漢音	오음吳音	사적 변천史的變遷	운韻韻
可	가	カ			歌개1
快	쾌	カイ	*ケ	クワイ → カイ	快합2
気	기	キ	ケ	ㄱ → ㄱ	微개3
輕	경	ケイ	*キョウ		淸개3
刊	간	カン			寒개1

계모溪母 k^h는 한국 한자음이나 일본 한자음의 오음吳音, 한음漢音 모두 같은 k로 출현한다.

한국어에서도 한자 유입 당시에 아직 [ㅋ]이 성립되지 않은 상태였고, 일본어에도 유기음有氣音이 없기 때문에 한국 한자음이나 일본 오음吳音, 한음漢音 모두 k로 반영되어 있다. 한국 한자음에서 계모溪母 k^h가 [ㅋ]으로 반영된 것은 快[쾌]뿐이다.

(3) 군모群母 $g → k^h$의 예

한자漢字	동음東音	한음漢音	오음吳音	사적 변천史的變遷	운韻韻
巨	거	キョ	*ゴ		魚개3을
碁	기	*キ	ゴ	ㄱ → ㄱ	之개3을
强	강	キョウ	ゴウ	キャウ → キョウ ガウ → ゴウ	陽개3을
極	극	キョク	ゴク		職개3을
權	권	ケン	ゴン	クヱン → ケン	仙합3을

군모群母 g는 한국어에서는 유성음有聲音이 없기 때문에 [ㄱ]으로 나타난다. 그러나 일본어에는 탁음濁音, 즉 유성음이 있기 때문에 오음吳音에서는 g, 즉 ガ행으로 나타난다. 그런데 한음漢音에서는 k, 즉 カ행으로 나타난다. 이것은 한음漢音의 모태母胎가 된 당唐나라 장안음長安音에서 탁자濁字의 차청자화次淸字化로 인해 군모群母의 g가 계모溪母의 k^h로 변했기 때문이다. 즉 군모群母는 오음吳音은 ガ행, 한음漢音은 カ행이라는 청탁淸濁의 대립을 이루고 있다.

2. 한국 한자음 [ㅎ]

한국 한자음 [ㅎ]은 중국 중고음中古音의 효모曉母 h, 갑모匣母 ɦ → h를 반영한 것이다. 이는 중고음中古音의 후음계喉音系에 속하는데, 그 중고음 후음계喉音系와 그 반영을 정리하면 다음과 같다.

성모聲母		중고음中古音			오음吳音	동음東音	한음漢音
		남북조음南北朝音	절운음切韻音	진음秦音			
청淸	影		'ø		'ø	'ø	'ø
차청次淸	曉		h		k	h	k
탁濁	匣	ɦ		h	g		
청탁淸濁	于	'ï		'i	'ø	'ø	'ø, 'i
	喩		'i		'i	'i	'i

(1) 효모曉母 h의 예

한자漢字	동음東音	한음漢音	오음吳音	사적 변천史的變遷	운韻
火	화	カ		クヮ → カ	戈합1
好	호	コウ		カウ → コウ	豪개1
海	해	カイ			咍개1
漢	한	カン			寒개1
吸	흡	キュウ	*コウ	キフ → キウ → キュウ	緝개3을

효모曉母 h는 한국 한자음에서 [ㅎ]으로 반영되었지만, 한자 유입 당시 일본어에는 h라는 음이 없었기 때문에 일본 한자음은 오음吳音, 한음漢音 모두 가장 조음점이 근접한 カ행으로 반영되었다.

❶ 일본어 음운 체계音韻體系에 있어서의 청탁淸濁의 대립

청淸	カ k	サ s	タ t	ハ h
탁濁	ガ g	ザ z	ダ d	バ b

❷ 고대 한국어와의 관계

베틀 ➡ ハタ　　　밭 ➡ ハタ(ケ)　　　벌 ➡ ハラ

❸ 류큐 방언琉球方言 p

花 [pana]　　　橋 [puʃi]

❹ ハ행 음音의 변화

| p
양순 파열음
兩脣破裂音 | → | ɸ(hw)
양순 마찰음
兩脣摩擦音 | → | h
성문 마찰음
聲門摩擦音 |

❺ ハ행 전호음転呼音: h 탈락

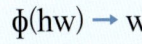

| 고향 [kohjaŋ]
이화여대 [ihwajədæ] | → | [고양 kojaŋ]
[이와여대 iwajədæ] |

❻ 일본어에서의 변화: h 탈락

サハ [sahwa] ➡ さわ [sawa]　　　私は [watasihwa] ➡ [watasiwa]

❼ 5단 동사 歌う 활용活用의 변화

うたはぬ ➡ うたわない　　　うたふ ➡ うたう
　[hwa]　　　[wa]　　　　　　[hwu]　　[u]

(2) 갑모匣母 ɦ → h의 예

한자漢字	동음東音	한음漢音	오음吳音	사적 변천史的變遷	운韻
夏	하	カ	ゲ		麻개2
後	후	コウ	ゴ		侯개1
会	회	カイ	エ	クヮイ → カイ ヱ → エ	泰합1
韓	한	カン	*ガン		寒개1
含	함	*カン	ガン	ガム → ガン	覃개1

갑모匣母 ɦ는 한국어에서는 유성음이 없기 때문에 [ㅎ]으로 나타난다. 그러나 일본어에는 탁음濁音, 즉 유성음有聲音이 있기 때문에 오음吳音에서는 주로 가장 유사한 음音인 g, 즉 ガ행으로 나타나며, 합구음合口音을 중심으로 ワ행으로 나타나는 경우도 있다. 그런데 한음漢音에서는 k, 즉 カ행으로 나타난다. 이것은 한음漢音의 모태가 된 당唐나라 장안음長安音에서 탁자濁字의 차청자화次淸字化로 갑모匣母의 ɦ가 효모曉母의 h로 변했기 때문이다. 즉 갑모匣母는 아음계牙音系의 군모群母와 같이 오음吳音은 ガ행, 한음漢音은 カ행이라는 청탁淸濁의 대립을 이루고 있다.

📋 요점 정리

- 한국 한자음 [ㄱ]은 일본 한자음에서도 대부분 カ행으로 나타난다.
- 한국 한자음 [ㄱ]이 일본 한자음에서 ガ행으로 나타나는 것은 오음吳音에 해당한다.
- 한국 한자음 [ㅎ]도 일본 한자음에서 대부분 カ행으로 나타난다. 그것은 한자음 유입 당시 일본어에 h가 존재하지 않았기 때문이다.
- 한국 한자음 [ㅎ]이 일본 한자음에서 ガ행으로 나타나는 것은 오음吳音에 해당한다.
- 중고음의 유성음有聲音이 오음吳音에서는 탁음濁音으로, 한음漢音에서는 청음清音으로 반영되었는데, 그것은 당대唐代에 걸친 탁자濁字의 차청자화次清字化에 의한 것이다.

✏️ 연습 문제

다음 (　) 안에 알맞은 단어를 넣으시오.

1. 한국 한자음의 [ㅎ]은 대부분 일본 한자음에서 (　　　)행으로 출현한다.

2. 중고음의 유성음有聲音이 오음吳音에서는 탁음濁音으로, 한음漢音에서는 청음清音으로 반영되었는데, 그것은 당대唐代에 걸친 탁자濁字의 (　　　)자화字化에 의한 것이다.

3.

한자漢字	동음東音	한음漢音	오음吳音	사적 변천史的變遷	운韻
火	화	カ		(　　) → カ	戈합1
韓	한	(　)	*ガン		寒개1

읽기 연습

다음 (　) 안에 알맞은 발음을 カタカナ로 써 넣으시오.

1. 歌手　（　　　　）
2. 高校　（　　　　）
3. 九月　（　　　　）
4. 九州　（　　　　）
5. 快速　（　　　　）
6. 軽量　（　　　　）
7. 天気　（　　　　）
8. 気配　（　　　　）
9. 巨大　（　　　　）
10. 権利　（　　　　）
11. 日刊　（　　　　）
12. 強奪　（　　　　）
13. 極端　（　　　　）
14. 極楽　（　　　　）
15. 漢語　（　　　　）
16. 漢字　（　　　　）
17. 後悔　（　　　　）
18. 午後　（　　　　）
19. 会社　（　　　　）
20. 会釈　（　　　　）

제3강

[일본]은 왜 [ニホン]인가?

- [ㅇ], [ㅂ]의 대응 -

복습

- ハ행 음音과 ハ행 전호음転呼音
- 韓國[한국]은 왜 [ハンコク]가 아니라 [カンコク]가 되는가?
- 탁자濁字의 차청자화次淸字化

학습 목표

1. 한국 한자음 [ㅇ]과 일본 한자음의 모음·g·n·z의 대응을 이해한다.
2. 한국 한자음 [ㅂ], [ㅍ]과 일본 한자음 ハ행의 대응을 이해한다.
3. 한국 한자음 [ㅁ]과 일본 오음吳音 マ행·한음漢音 バ행의 대응을 이해한다.

1. 한국 한자음 [ㅇ]

한국 한자음 [ㅇ]은 중국 중고음中古音의 영모影母 'ø, 우모于母 'i, 유모喩母 'i, 의모疑母 ŋ → ⁿg, 일모日母 ȵ → ⁿʑ를 반영한 것이다. 그 중고음과 반영을 정리하면 다음과 같다.

성모聲母		중고음中古音			오음吳音	동음東音	한음漢音
		남북조음南北朝音	절운음切韻音	진음秦音			
청清	影		'ø		'ø	'ø	'ø
청탁清濁	于	'i		'i	'ø	'ø	'ø, 'i
	喩		'i		'i	'i	'i
청탁清濁	疑	ŋ		ⁿg	g	'ø	g
청탁清濁	日	ȵ		ⁿʑ	n	'ø	z

(1) 영모影母 'ø의 예

한자漢字	동음東音	한음漢音	오음吳音	사적 변천史的變遷	운운韻
汚	오	オ			模개1
欧	구	オウ	*ウ		侯개1
委	위	イ		ヰ → イ	支합3을
安	안	アン			寒개1
圧	압	アツ	*ヨウ	アフ → アツ	狎개2

* 歐의 한국 한자음 [구]는 계모溪母 kʰ에 속하는 區의 유추음類推音이다.

영모影母 'ø는 한국 한자음이나 일본 한자음의 오음吳音, 한음漢音 모두 같은 모음母音으로 출현한다.

(2) 우모于母 ''i → 'i의 예

한자漢字	동음東音	한음漢音	오음吳音	사적 변천史的變遷	운운韻
右	우	ユウ	ウ	イウ → ユウ	尤개3을
有	유	ユウ	ウ	イウ → ユウ	尤개3을
位	위		イ	ヰ → イ	脂합3을
王	왕		オウ	ワウ → オウ	陽합3
永	영	エイ	*ヨウ		庚합3

우모于母 ''i → 'i는 한국 한자음과 오음吳音은 같은 모음母音으로 나타난다. 그러나 한음漢音에서는 i가 들어간 ヤ행으로 나타나는 예가 있다. 이것은 한음漢音의 모태가 된 당대唐代 장안음長安音인 진음秦音에서 우모于母 ''i가 전설화前舌化하여 유모喩母 'i에 흡수되는 예가 있었기 때문이다.

(3) 유모喩母 'i의 예

한자漢字	동음東音	한음漢音	오음吳音	사적 변천史的變遷	운운韻
夜	야	ヤ			麻개3
予	예	ヨ		여 → 예	魚개3갑
遊	유	ユウ	ユ	イウ → ユウ	尤개3갑
育	육	イク			屋개3갑
羊	양		ヨウ	ヤウ → ヨウ	陽개3갑

유모喩母는 'i라는 반모음半母音을 가진 청탁자清濁字로 모두 3등 갑류계에 속한다. 한국 한자음과 일본 한자음의 오음吳音, 한음漢音 모두 'i로 나타난다.

(4) 의모疑母 ŋ → ⁿg의 예

한자漢字	동음東音	한음漢音	오음吳音	사적 변천史的變遷	운운韻
五	오	ゴ			模개1
牛	우	ギュウ	*グ	ギウ → ギュウ	尤개3을
外	외	ガイ	ゲ	グワイ → ガイ グェ → ゲ	泰합1
義	의	ギ			支개3을
樂	악	ガク			覺개2

의모疑母 ŋ → ⁿg는 한국어에서는 비음鼻音 ŋ이 어두 자음語頭子音에 없기 때문에 모음母音으로 나타난다. 그러나 탁음濁音 자체에 어느 정도 비음성이 존재했던 일본어는 모음母音보다는 ガ행에 가까웠을 것이기 때문에 비음성이 강한 남북조음南北朝音의 ŋ을 반영한 오음吳音도 비음성이 상실된 당唐나라 장안음長安音의 ⁿg를 반영한 한음漢音도 모두 ガ행으로 나타난다.

(5) 일모日母 ȵ → ⁿʑ의 예

한자漢字	동음東音	한음漢音	오음吳音	사적 변천史的變遷	운운韻
二	이	*ジ	ニ		脂개3갑
弱	약	ジャク	*ニャク		藥개3갑
人	인	ジン	ニン		眞개3갑
日	일	ジツ	ニチ		質개3갑
入	입	*ジュウ	ニュウ	ニフ → ニウ → ニュウ	緝개3갑

일모日母 ȵ → ⁿʑ는 한국 한자음에서 자료에 따라 ㅿ 표기와 ㅇ 표기라는 두 가지 표기가 나타나는데, 두 표기 모두 원음의 비음성鼻音性을 반영한 것으로 생각된다. 일본 오음吳音에서도 비음성을 반영하여 같은 ナ행으로 나타나지만, 한음漢音에서는 진음秦音에 걸친 청탁자淸濁字의 비음성 약화·탈락을 반영하여 ザ행으로 나타난다.

2. 한국 한자음 [ㅂ], [ㅍ]

한국 한자음 [ㅂ], [ㅍ]은 중국 중고음中古音의 방모幫母 p, 방모滂母 p^h, 병모竝母 b를 반영한 것이다. 그 중고음의 반영을 정리하면 다음과 같다.

성모聲母		중고음中古音			오음吳音	동음東音	한음漢音
		남북조음 南北朝音	절운음 切韻音	진음 秦音			
청清	幫	p	p	p f	h	p, p^h	h
차청次清	滂	p^h	p^h	p^h f^h			
탁濁	竝	b	b	p^h v → f^h	b		

(1) 방모幫母 p의 예

한자漢字	동음東音	한음漢音	오음吳音	사적 변천史的變遷	운운韻
波	파	ハ			戈1
表	표	ヒョウ		ヘウ → ヒョウ	宵3을
悲	비	ヒ			脂3을
百	백	*ハク	ヒャク	빅 → 백	陌2
版	판	ハン	*ヘン		刪2

방모幫母 p는 한국 한자음은 [ㅂ], [ㅍ]으로, 일본 한자음은 오음吳音, 한음漢音 모두 ハ행으로 나타난다. 이는 일본어의 ハ행 음音이 h보다는 오히려 p에 가까운 발음이었다는 방증이 된다.

(2) 방모滂母 p^h의 예

한자漢字	동음東音	한음漢音	오음吳音	사적 변천史的變遷	운韻운韻
破	파	ハ			戈1
票	표	ヒョウ		ヘウ → ヒョウ	宵3갑
副	부	フク			屋개3을
払	불	フツ		블 → 불	物3
品	품	ヒン	*ホン	*폼 → 품 ヒム → ヒン	侵3을

방모滂母 p^h는 한국 한자음은 [ㅂ], [ㅍ]으로, 일본 한자음은 오음吳音, 한음漢音 모두 ハ행으로 나타난다.

방모幇母 p와 방모滂母 p^h가 한국 한자음에서 [ㅂ], [ㅍ]으로 섞여 나타나는 것은 한자음을 유입하는 과정에서 한국어에 유기음有氣音이 성립했다는 방증이 된다.

(3) 병모並母 b → p^h의 예

한자漢字	동음東音	한음漢音	오음吳音	사적 변천史的變遷	운韻운韻
倍	배	*ハイ	バイ	븨 → 배	灰1
鼻	비	*ヒ	ビ		脂3갑
泊	박	ハク	*バク		鐸1
平	평	ヘイ	ビョウ	ビャウ → ビョウ	庚3
罰	벌	*ハツ	バツ バチ		月3

병모並母 b → p^h는 한국어에서는 유성음이 없기 때문에 [ㅂ], [ㅍ]으로 나타난다. 그러나 일본어에는 탁음濁音, 즉 유성음이 있기 때문에 오음吳音에서는 バ행으로 나타난다. 그런데 한음漢音에서는 진음秦音에 걸친 탁자濁字의 차청자화次清字化를 반영하여 ハ행으로 나타난다. 즉 다른 음계에서와 같이 오음吳音은 バ행, 한음漢音은 ハ행이라는 청탁清濁의 대립을 이루고 있다.

3. 한국 한자음 [ㅁ]

한국 한자음 [ㅁ]은 중국 중고음中古音의 명모明母 m → ᵐb를 반영한 것이다. 그 중고음과 반영을 정리하면 다음과 같다.

성모聲母		중고음中古音			오음吳音	동음東音	한음漢音
		남북조음 南北朝音	절운음 切韻音	진음 秦音			
청탁清濁	明	m	m	ᵐb	m	m	b
	微			ɱ → ᵐv			

(1) 명모明母 m → ᵐb의 예

한자漢字	동음東音	한음漢音	오음吳音	사적 변천史的變遷	운운韻
模	모	ボ	モ		模1
秒	초	ビョウ	*ミョウ	ベウ → ビョウ	宵3갑
米	미	ベイ	マイ		齊4
明	명	メイ	ミョウ	ミャウ → ミョウ	庚3
勉	면	ベン	*メン		仙3을

* 秒의 한국 한자음 [초]는 抄, 炒 등의 유추음類推音이다.

명모明母 m → ᵐb는 한국 한자음과 오음吳音은 같은 m, 즉 [ㅁ]과 マ행으로 나타나며, 한음漢音은 진음秦音에 걸친 청탁자清濁字의 비음성 약화·탈락을 반영하여 バ행으로 나타난다. 단지 한음漢音에서도 明[メイ]와 같이 일부 비음鼻音으로 끝나는 자는 어말語末의 비음성 때문에 マ행으로 출현하는 경우도 있다.

요점 정리

- 한국 한자음 [ㅇ]은 일본 한자음에서 모음·ガ행 g·ナ행 n·ザ행 z으로 출현한다.
- 의모자疑母字는 한국 한자음에서 [ㅇ]으로, 일본 한자음에서는 오음吳音, 한음漢音 모두 ガ행으로 출현한다.
- 일본 한자음 ハ행은 한국 한자음에서 [ㅂ], [ㅍ]으로 출현한다.
- 방모幇母 p와 방모滂母 p^h가 한국 한자음에서 [ㅂ], [ㅍ]으로 섞여 나타나는 것은 한자음을 유입하는 과정에서 한국어에 유기음有氣音이 성립했기 때문이다.
- 일본어의 ハ행은 h보다 오히려 p에 근접한 음이었다.
- 명모明母 m → ^{m}b가 한국 한자음과 오음吳音은 같은 m, 즉 [ㅁ]과 マ행으로 나타는데, 한음漢音에서 バ행으로 나타나는 것은 진음秦音에 걸친 청탁자淸濁字의 비음성 약화·탈락을 반영한 결과이다.

연습 문제

다음 (   ) 안에 알맞은 단어를 넣으시오.

1. (   )모자母字는 한국 한자음에서 [ㅇ]으로, 일본 오음吳音에서는 ナ행으로, 한음漢音에서는 ザ행으로 출현한다.

2. 의모자疑母字는 한국 한자음에서 [ㅇ]으로, 일본 한자음에서는 오음吳音, 한음漢音 모두 (   )행으로 출현한다.

3. 명모明母가 오음吳音에서 マ행으로 나타나는데, 한음漢音에서 バ행으로 나타나는 것은 진음秦音에 걸친 청탁자淸濁字의 (   ) 약화·탈락을 반영한 결과이다.

읽기 연습

다음 ( ) 안에 알맞은 발음을 カタカナ로 써 넣으시오.

1. 平安　　（　　　　）
2. 欧米　　（　　　　）
3. 左右　　（　　　　）
4. 右折　　（　　　　）
5. 有利　　（　　　　）
6. 有無　　（　　　　）
7. 夜景　　（　　　　）
8. 外遊　　（　　　　）
9. 外国　　（　　　　）
10. 和牛　　（　　　　）

11. 人類　　（　　　　）
12. 強弱　　（　　　　）
13. 百万　　（　　　　）
14. 副社長　（　　　　）
15. 品目　　（　　　　）
16. 一拍　　（　　　　）
17. 刑罰　　（　　　　）
18. 新米　　（　　　　）
19. 文明　　（　　　　）
20. 明年　　（　　　　）

제4강

[ダイズ]는 [daidu]였다

- [ㄷ]은 タ행과 대응한다 -

복습

- 한국 한자음 [ㅇ]의 대응
- 한국 한자음 [ㅂ], [ㅍ]의 대응
- 한국 한자음 [ㅁ]의 대응
- 청탁자清濁字의 비음성鼻音性 약화

학습 목표

1. 한국 한자음 [ㄷ], [ㅌ]과 일본 한자음 タ행의 대응을 이해한다.
2. 한국 한자음 [ㄴ]과 일본 한자음 ナ・ダ행의 대응을 이해한다.
3. 한국 한자음 [ㄹ]과 일본 한자음 ラ행의 대응을 이해한다.
4. 구개음화口蓋音化와 파찰음화破擦音化를 이해한다.

1. 한국 한자음 [ㄷ], [ㅌ]

한국 한자음 [ㄷ], [ㅌ]은 중국 중고음中古音의 단모端母 t, 투모透母 t^h, 정모定母 d → t^{h}를 반영한 것이다. 그 중고음과 반영을 정리하면 다음과 같다.

성모聲母		중고음中古音			오음吳音	동음東音	한음漢音
		남북조음 南北朝音	절운음 切韻音	진음 秦音			
청清	端	t	t	t	t	t, t^h	t
			ṭ	ṭ			
차청次清	透	t^h	t^h	t^h			
			ṭ^h	ṭ^h			
탁濁	定	d	d	t^h	d		
			ḍ	ṭ^h			

(1) 단모端母 t의 예

한자漢字	동음東音	한음漢音	오음吳音	사적 변천史的變遷	운韻
多	다	タ			歌개1
刀	도	トウ	タウ → トウ		豪개1
妬	투	ト			模개1
底	저	テイ	뎌 → 져 → 저		齊개4
當	당	トウ	タウ → トウ		唐개1

단모端母 t는 한국 한자음에서는 [ㄷ], [ㅌ]으로, 일본 한자음에서는 오음吳音, 한음漢音 모두 タ행으로 나타난다. 한국 한자음에서 i 모음이 후접하는 경우에는 한국어 자체의 음운 변화音韻變化, 즉 구개음화口蓋音化로 인해 다시 [ㅈ], [ㅊ]으로 변한다.

(2) 투모透母 t^h의 예

한자漢字	동음東音	한음漢音	오음吳音	사적 변천史的變遷	운운
貸	대	タイ		디 → 대	咍개1
託	탁	タク			鐸개1
統	통	トウ			冬개1
天	천	テン		텬 → 쳔 → 천	先개4
探	탐	タン		タム → タン	覃개1

투모透母 t^h는 한국 한자음에서 유기음, 무기음의 구별 없이 [ㄷ], [ㅌ]으로 반영되었으며, 일본 한자음에서도 夕행으로 나타난다. 한국 한자음에서 i 모음이 후접하는 경우에는 한국어 자체의 음운 변화音韻變化, 즉 구개음화口蓋音化로 인해 다시 [ㅈ], [ㅊ]으로 변한다.

(3) 정모定母 $d → t^h$의 예

한자漢字	동음東音	한음漢音	오음吳音	사적 변천史的變遷	운운
惰	타	*タ	ダ		戈합1
図	도	ト	ズ	ヅ → ズ	模개1
道	도	トウ	ドウ	タウ → トウ ダウ → ドウ	豪개1
大	대	タイ	ダイ		泰개1
電	전	*テン	デン	뎐 → 젼 → 전	先개4

정모定母 $d → t^h$는 한국 한자음에서는 유성음, 무성음의 구별이 없기 때문에 [ㄷ], [ㅌ]으로 나타난다. 단지 i 모음이 후접하는 경우는 한국어 자체의 음운 변화音韻變化, 즉 구개음화口蓋音化로 인해 다시 [ㅈ], [ㅊ]으로 변한다. 일본 한자음은 오음吳音에서는 ダ행으로, 한음漢音에서는 夕행으로 나타나, 다른 음계音系와 같이 청탁淸濁의 대립을 이루고 있다. 단지 오음吳音의 일부는 욧쓰가나(四ツ仮名)의 혼동으로 인해 [ヂ]와 [ヅ]는 [ジ]와 [ズ]로 변한다.

* 욧쓰가나(四ツ仮名)의 혼동

ダ행의 ヂ와 ヅ는 원래 [di], [du]라는 발음이었는데, 무로마치室町 시대 중기 이후 파찰음화破擦音化로 인하여 [ʤi], [ʣu]로 변하게 되었다. 이에 따라 ザ행의 ジ[ʒi], ズ[zu]와 혼동하게 되었는데, 레키시테기가나즈카이(歷史的仮名遣い)와 지온가나즈카이(字音仮名遣い)에서는 ヂ와 ジ, ヅ와 ズ를 구별하여 표기하였지만 1986년 겐다이가나즈카이(現代仮名遣い)에서 ヂ는 ジ로, ヅ는 ズ로 통합되었다.

이에 따라 한국 한자음의 [ㄷ], [ㅌ]에 해당하는 자음字音이 일본 한자음에서 タ・ダ행이 아닌 ザ행에 대응하는 경우가 발생하게 된 것이다.

한자漢字	동음東音	한음漢音	오음吳音	사적 변천史的變遷	운모聲母
豆	두	トウ	ズ	ヅ → ズ	定 d → tʰ
地	지	チ	ジ	디 → 지 ヂ → ジ	定 d → tʰ
軸	축	*チク	ジク	튝 → 쥭 → 축 ヂク → ジク	澄 ḍ → tʰ
定	정	テイ	ジョウ	뎡 → 졍 → 정 ヂャウ → ヂョウ → ジョウ	定 d → tʰ
直	직	チョク	ジキ	딕 → 직 ヂキ → ジキ	澄 ḍ → tʰ

2. 한국 한자음 [ㄴ]

한국 한자음 [ㄴ]은 중국 중고음中古音의 니모泥母 n을 반영한 것이다. 그 중고음과 반영을 정리하면 다음과 같다.

성모聲母		중고음中古音			오음吳音	동음東音	한음漢音
		남북조음 南北朝音	절운음 切韻音	진음 秦音			
청탁淸濁	泥	n	n	ⁿd	n	n	d
			ṇ	ⁿḍ			

(1) 니모泥母 n → ⁿd의 예

한자漢字	동음東音	한음漢音	오음吳音	사적 변천史的變遷	운운韻
奈	나	*ダ	ナ		歌개1
內	내	ダイ	ナイ		灰합1
釀	양	ジョウ	*ニョウ	냥→양 ヂャウ→ヂョウ→ジョウ	陽개3갑
男	남	ダン	ナン	ダム→ダン ナム→ナン	覃개1
女	녀	ジョ	ニョ	ニョウ(慣) ヂョ→ジョ	魚개3갑

니모泥母 n → ⁿd는 한국 한자음에서 모두 [ㄴ]으로 반영되었다. 단지 어두에 올 경우, i 모음母音이나 i가 들어간 이중 모음二重母音 앞에서는 한국어에서 두음 법칙頭音法則으로 인해 [ㅇ]으로 변하며, 일부는 아예 [ㅇ]으로 고정되었다. 일본 한자음은 오음吳音에서는 ナ행으로, 한음漢音에서는 ダ행으로 나타나, 다른 음계와 같이 비음鼻音과 탁음濁音이라는 대립을 이루고 있다. 단지 한음漢音에서도 비음 운미鼻音韻尾 ŋ을 가진 자는 비음鼻音의 영향으로 인해 ナ행으로 나타나는 자字가 있으며, 욧쓰가나(四ツ仮名)의 혼동으로 인해 [ヂ]와 [ヅ]는 [ジ]와 [ズ]로 변했다.

3. 한국 한자음 [ㄹ]

한국 한자음 [ㄹ]은 중국 중고음中古音의 래모來母 l을 반영한 것이다. 그 중고음과 반영을 정리하면 다음과 같다.

성모聲母		중고음中古音			오음吳音	동음東音	한음漢音
		남북조음 南北朝音	절운음 切韻音	진음 秦音			
차탁次濁	來	l	l	l	l	l	l

(1) 래모來母 l의 예

한자漢字	동음東音	한음漢音	오음吳音	사적 변천史的變遷	운운韻
路	로	ロ			模개1
留	류	リュウ	ル	リウ → リュウ	尤개3갑
了	료	リョウ		レウ → リョウ	蕭개4
郎	랑	ロウ		ラウ → ロウ	唐개1
鈴	령	レイ	*リョウ	リン(唐)	靑개4

래모來母 l은 중고음中古音 자체에서도 음운 변화가 없었고 한국 한자음은 [ㄹ]로, 일본 한자음은 오음吳音, 한음漢音 모두 ラ행으로 나타난다. 단지 한국 한자음은 두음 법칙頭音法則으로 어두語頭에 올 경우, i 모음母音이나 i가 들어간 이중 모음二重母音 앞에서는 [ㅇ]으로, 그 외의 경우와 단모음單母音 앞에서는 [ㄴ]으로 변한다.

📋 요점 정리

- 한국 한자음 [ㄷ], [ㅌ]은 일본 한자음 タ행에 대응한다.
- 한국 한자음 [ㄷ], [ㅌ]이 일본 한자음 ダ행에 대응하는 것은 오음吳音이다.
- 일본 한자음 タ행, ダ행이 한국 한자음 [ㅈ], [ㅊ]인 경우는 한국 한자음이 구개음화口蓋音化된 것이다.
- 한국 한자음 [ㄷ], [ㅌ]이 일본 한자음 [ジ], [ズ]인 경우는 오음吳音이 파찰음화破擦音化하여 욧쓰가나(四ツ仮名)의 혼동을 일으킨 것이다.
- 한국 한자음 [ㄴ]은 일본 오음吳音은 ナ행, 일본 한음漢音은 ダ행에 대응한다.
- 한국 한자음 [ㄴ]이 일본 한자음 [ジ], [ズ]인 경우는 일본 한음漢音이 파찰음화破擦音化하여 욧쓰가나(四ツ仮名)의 혼동을 일으킨 것이다.

✏️ 연습 문제

다음 (   ) 안에 알맞은 단어를 넣으시오.

1. 한국 한자음 [ㄷ], [ㅌ]은 기본적으로 일본 한자음 (   )행에 대응한다.

2. 일본 한자음 タ행, ダ행이 한국 한자음 [ㅈ], [ㅊ]인 경우는 한국 한자음이 (   )된 것이다.

3. 한국 한자음 [ㄷ], [ㅌ]이 일본 한자음 [ジ], [ズ]인 경우는 오음吳音이 파찰음화破擦音化하여 (   )의 혼동을 일으킨 것이다.

읽기 연습

다음 (　) 안에 알맞은 발음을 カタカナ로 써 넣으시오.

1. 当時　　(　　　　)
2. 根底　　(　　　　)
3. 図面　　(　　　　)
4. 図書館　(　　　　)
5. 電気　　(　　　　)
6. 定義　　(　　　　)
7. 大使　　(　　　　)
8. 大豆　　(　　　　)
9. 直進　　(　　　　)
10. 正直　(　　　　)

11. 女子　(　　　　)
12. 女房　(　　　　)
13. 長男　(　　　　)
14. 男性　(　　　　)
15. 内閣　(　　　　)
16. 境内　(　　　　)
17. 留学　(　　　　)
18. 留守　(　　　　)
19. 路面　(　　　　)
20. 一郎　(　　　　)

제5강

일본어에는 [ㅅ]과 [ㅈ]의 구별이 없었다

- [ㅅ], [ㅈ]의 대응 -

복습

- 한국 한자음 [ㄷ], [ㅌ]의 대응
- 한국 한자음 [ㄴ]의 대응
- 한국 한자음 [ㄹ]의 대응
- 구개음화口蓋音化와 파찰음화破擦音化

학습 목표

1. 한국 한자음 [ㅈ], [ㅊ]과 일본 한자음 サ행의 대응을 이해한다.
2. 한국 한자음 [ㅅ]과 일본 한자음 サ행의 대응을 이해한다.
3. 한국 한자음 [ㅅ], [ㅈ], [ㅊ]의 단모음화單母音化를 이해한다.

1. 한국 한자음 [ㅈ], [ㅊ]

한국 한자음 [ㅈ], [ㅊ]은 중국 중고음中古音 파찰음계破擦音系의 정모精母 ts계, 청모清母 tsʰ계, 종모從母 dz계를 반영한 것이다. 그 중고음과 반영을 정리하면 다음과 같다.

성모聲母			중고음中古音			오음吳音	동음東音	한음漢音
			남북조음 南北朝音	절운음 切韻音	진음 秦音			
청 清	치두齒頭	精	ts	ts	ts	s	c, cʰ	s
	치상齒上	莊	tɕ	tʃ	tɕ			
	정치正齒	照		tɕ				
차청 次清	치두齒頭	清	tsʰ	tsʰ	tsʰ			
	치상齒上	初	tɕʰ	tʃʰ	tɕʰ			
	정치正齒	穿		tɕʰ				
탁 濁	치두齒頭	從	dz, z	dz	z → s	z	c, cʰ, s	s
	치상齒上	牀	dz, ʑ	dʒ	ʑ → ɕ			
	정치正齒	神		dʑ				

치음계齒音系의 파찰음자破擦音字는 1·4등의 치두음齒頭音인 정精 ts, 청清 tsʰ, 종모從母 dz, 2등의 치상음齒上音인 장莊 tʃ, 초初 tʃʰ, 상모牀母 dʒ, 3등의 정치음正齒音인 조照 tɕ, 천穿 tɕʰ, 신모神母 dʑ로 나눌 수 있다. 3등의 조照, 천穿, 신모神母는 남북조南北朝 시대에 상고음上古音의 설음舌音에서 분립分立한 것이고, 2등의 장모계莊母系는 그 조모계照母系에서 다시 분립分立한 것이다. 그러나 당말唐末 장안음長安音인 진음秦音에서 다시 치상음齒上音인 장모계莊母系는 정치음正齒音인 조모계照母系로 통합된다. 한일 양국어에서는 치음齒音에 이렇게 복잡한 구분이 없으므로 한데 묶어 이해하면 된다.

(1) 정모精母 ts계의 반영

한자漢字	동음東音	한음漢音	오음吳音	사적 변천史的變遷	운운韻
者	자	シャ		쟈 → 자	麻개3
州	주	シュウ	ス	쥬 → 주 シウ → シュウ	尤개3갑
招	초	ショウ		쵸 → 초 セウ → ショウ	宵개3갑
災	재	サイ		지 → 재	咍개1
側	측	*ショク	ソク		職개3을

파찰음破擦音의 청자清字는 치두음齒頭音인 정모精母 ts, 치상음齒上音인 장모莊母 tʃ, 정치음正齒音인 조모照母 tɕ로 나눌 수 있는데, 한일 양국어에서는 치음齒音에 이렇게 복잡한 구분이 없다. 한자음 유입 당시 유기, 무기음의 구별이 확립되지 않았던 한국 한자음은 [ㅈ], [ㅊ]으로 나타나며, 일본 한자음은 오음吳音, 한음漢音 모두 サ행으로 나타난다.

(2) 청모清母 tsʰ계의 반영

한자漢字	동음東音	한음漢音	오음吳音	사적 변천史的變遷	운운韻
車	차	シャ		챠 → 차	麻개3
取	취	シュ		츄 → 취 → 취	虞개3갑
秋	추	シュウ		츄 → 추 シウ → シュウ	尤개3갑
請	청	セイ	*ショウ	シン(唐) 청 → 청	淸개3
川	천	セン		쳔 → 천	仙합3갑

파찰음破擦音의 차청자次清字는 치두음齒頭音인 청모清母 tsʰ, 치상음齒上音인 초모初母 tʃʰ, 정치음正齒音인 천모穿母 tɕʰ로 나눌 수 있는데, 한일 양국어에서는 치음齒音에 이렇게 복잡한 구분이 없다. 한자음 유입 당시 유기, 무기음의 구별이 확립되지 않았던 한국 한자음은 [ㅈ], [ㅊ]으로 나타나며, 일본 한자음은 오음吳音, 한음漢音 모두 サ행으로 나타난다.

(3) 종모從母 dz계의 반영

한자漢字	동음東音	한음漢音	오음吳音	사적 변천史的變遷	운운韻韻
才	재	サイ	*ザイ	지 → 재	咍개1
字	자	*シ	ジ	ᄌᆞ → 자	之개3갑
存	존	ソン	ゾン		魂합1
食	식	ショク	ジキ		職개3갑
舌	설	*セツ	ゼツ	셜 → 설	薛개3갑

파찰음破擦音의 탁자濁字는 치두음齒頭音인 종모從母 dz, 치상음齒上音인 상모牀母 dʒ, 정치음正齒音인 신모神母 dʑ로 나눌 수 있는데, 한일 양국어에서는 치음齒音에 이렇게 복잡한 구분이 없다. 한자음 유입 당시 유성음의 구별이 확립되지 않았던 한국 한자음은 종모從母 dz와 치상음齒上音인 상모牀母가 [ㅈ], [ㅊ]으로 나타나며, 신모神母 dʑ는 [ㅅ]으로 나타난다. 일본 한자음은 오음吳音은 ザ행, 한음漢音은 サ행으로 나타나는데, 이는 진음秦音에 걸친 탁자濁字의 차청자화次清字化를 반영한 결과이다.

2. 한국 한자음 [ㅅ]

한국 한자음 [ㅅ]은 중국 중고음中古音의 심모心母 s계, 사모邪母 z계를 반영한 것이다. 그 중고음과 반영을 정리하면 다음과 같다.

성모聲母			중고음中古音			오음吳音	동음東音	한음漢音
			남북조음南北朝音	절운음切韻音	진음秦音			
청淸	치두齒頭	心	s	s	s	s	s	s
	치상齒上	山	ç	ʃ	ç			
	정치正齒	審	ç	ç	ç			
탁濁	치두齒頭	邪	z	z	z	z	s	s
	정치正齒	禪	ʑ	ʑ	ç			

마찰음摩擦音 계열의 청자清字에는 치두음齒頭音인 심모心母 s, 치상음齒上音인 산모山母 ʃ, 정치음正齒音인 심모審母 ɕ가 있었는데, 진음秦音에서 산모山母 ʃ는 심모審母 ɕ에 통합된다. 마찰음摩擦音 계열에는 마찰음摩擦音이라는 자음子音의 특성으로 인해 차청자次清字가 따로 존재하지 않는다. 탁자濁字에는 치두음齒頭音인 사모邪母 z와 정치음正齒音인 선모禪母 ʑ가 있었는데, 진음秦音에서 탁음성濁音性을 잃고 사모邪母 z는 심모心母 s에, 선모禪母 ʑ는 심모審母 ɕ에 통합된다.

(1) 심모心母 S계의 반영

한자漢字	동음東音	한음漢音	오음吳音	사적 변천史的變遷	운韻
素	소	ソ	ス		模개1
秀	수	シュウ		슈→수 シウ→シュウ	尤개3갑
西	서	セイ	サイ	셔→서	齊개4
史	사	シ		亽→사	之개3을
生	생	セイ	ショウ	성→생 シャウ→ショウ	庚개2

마찰음摩擦音의 청자清字에는 치두음齒頭音인 심모心母 s, 치상음齒上音인 산모山母 ʃ, 정치음正齒音인 심모審母 ɕ가 있는데, 진음秦音에서 산모山母는 정치음正齒音인 심모審母 ɕ에 통합된다. 한국어와 일본어에는 이러한 치두음齒頭音, 치상음齒上音, 정치음正齒音의 구별이 없기 때문에 한국 한자음은 [ㅅ]으로, 일본 한자음도 오음吳音, 한음漢音 모두 サ행으로 나타난다.

(2) 사모邪母 z계의 반영

한자漢字	동음東音	한음漢音	오음吳音	사적 변천史的變遷	운운韻
謝	사	シャ	*ジャ	샤 → 사	麻개3
寺	사	*シ	ジ	스 → 사	之개3갑
受	수	*シュウ	ジュ	슈 → 수	尤개3갑
上	상	ショウ	ジョウ	샹 → 상 シャウ → ショウ ジャウ → ジョウ	陽개3갑
善	선	*セン	ゼン	션 → 선	仙개3갑

마찰음계摩擦音系의 탁자濁字에는 치두음齒頭音인 사모邪母 z와 정치음正齒音인 선모禪母 ʑ가 있는데, 진음秦音에서 선모禪母 ʑ는 심모審母 ɕ에 통합된다. 유성, 무성음의 구별이 없는 한국 한자음은 [ㅅ]으로 나타난다. 유성, 무성음의 구별이 있는 일본 한자음에서는 오음吳音은 ザ행으로 나타나지만, 한음漢音은 당대唐代에 걸친 탁자濁字의 차청자화次淸字化로 인해 サ행으로 나타난다.

3. 한국 한자음 치음계齒音系의 단모음화

한국 한자음에서 치음齒音에 해당하는 [ㅅ], [ㅈ], [ㅊ]의 이중 모음二重母音은 모두 단모음화單母音化하였다. 이 치음계齒音系의 단모음화單母音化는 구개음화口蓋音化의 영향으로 인한 것으로 볼 수 있다. 예를 들어 ts가 tʃ로 구개음화口蓋音化함으로써 [tsia]는 [tʃa]로 변화하여, 이에 따라 [쟈]와 [자]의 음운상音韻上의 구별이 없어져, [쟈]는 [자]로 단모음화單母音化하게 된 것이다. 이로 인해 [ㅅ], [ㅈ], [ㅊ]의 이중 모음二重母音은 20세기에 들어서 모두 단모음화單母音化하였다. 현대어에서는 [ㅈ], [ㅊ]의 이중 모음二重母音 '쟈', '져', '쥬', '죠', '챠', '쳐', '츄', '쵸'와 단모음單母音 '자', '저', '주', '조', '차', '처', '추', '초'의 구별은 없지만, [ㅅ]은 이들 이중 모음二重母音과 단모음單母音을 구별하고 있다. 이로 인해 일본 한자음에서 요음형拗音形으로 나타나는 자음字音이 한국 한자음에서는 직음直音으로 나타나는 경우가 발생하게 된 것이다.

한자漢字	동음東音	한음漢音	오음吳音	사적 변천史的變遷	운운韻
写	사	シャ		샤→사	麻개3
処	처	ショ		쳐→처	魚개3갑
書	서	ショ		셔→서	魚개3갑
将	장	ショウ		쟝→장 シャウ→ショウ	陽개3갑
出	출	シュツ		츌→출	術합3갑

📋 요점 정리

- 한국 한자음 [ㅅ], [ㅈ], [ㅊ]은 기본적으로 일본 한자음 サ행에 대응한다.
- 한국 한자음 [ㅅ], [ㅈ], [ㅊ]이 일본 한자음 ザ행에 대응하는 것은 오음吳音이다.
- 한국 한자음 [ㅅ], [ㅈ], [ㅊ]은 i 모음을 포함하는 경우 모두 단모음화單母音化했다.
- 한국 한자음에서 [ㅅ], [ㅈ], [ㅊ]을 포함하는 단모음이 일본 한자음에서 i 모음을 포함하는 요음拗音으로 출현할 경우, 이는 한국 한자음이 단모음화單母音化한 것이다.

✏️ 연습 문제

다음 (　　) 안에 알맞은 단어를 넣으시오.

1. 한국 한자음 [ㅅ], [ㅈ], [ㅊ]은 기본적으로 일본 한자음 (　　　　)행에 대응한다.

2. 한국 한자음 [ㅅ], [ㅈ], [ㅊ]이 일본 한자음에서 ザ행으로 나타나는 것은 오음吳音과 한음漢音 중에서 (　　　　)에 해당한다.

3.
한자漢字	동음東音	한음漢音	오음吳音	사적 변천史的變遷	운韻
写	사		シャ	(　　　) → 사	麻개3

읽기 연습

다음 (　) 안에 알맞은 발음을 カタカナ로 써 넣으시오.

1. 測定　(　　　)
2. 取得　(　　　)
3. 自動車　(　　　)
4. 存在　(　　　)
5. 歴史　(　　　)
6. 生産　(　　　)
7. 感謝　(　　　)
8. 写真　(　　　)
9. 才能　(　　　)
10. 文字　(　　　)
11. 西南　(　　　)
12. 東西　(　　　)
13. 災難　(　　　)
14. 優秀　(　　　)
15. 授受　(　　　)
16. 普請　(　　　)
17. 善悪　(　　　)
18. 提出　(　　　)
19. 書物　(　　　)
20. 将軍　(　　　)

제6강

탁음은 오음 청음은 한음!
비음은 오음 탁음은 한음!

- 유성음과 비음의 대응 -

복습

- 한국 한자음 [ㅅ], [ㅈ], [ㅊ]의 대응
- 한국 한자음 치음계齒音系의 단모음화單母音化

학습 목표

1. 탁자濁字의 차청자화次淸字化를 이해한다.
2. 청탁자淸濁字의 비음성鼻音性 약화를 이해한다.
3. 성모聲母에 걸친 오음吳音과 한음漢音의 차이를 이해한다.

1. 탁자濁字의 차청자화次清字化

8-9세기의 중국 당唐나라 장안음長安音에서는 그 이전까지 유성음有聲音이었던 탁자濁字가 유기음有氣音인 차청자次清字로 변하게 된다. 이는 모든 음계에 걸쳐 공통적으로 일어난 현상이다. 이로 인해 5세기의 남조음南朝音을 모태로 하는 오음吳音에서는 이 탁자濁字를 탁음濁音으로 반영하였지만, 8-9세기의 진음秦音을 모태로 하는 한음漢音에서는 이 탁자濁字가 전부 청음清音으로 반영되었다.

이로 인해 탁자濁字에 해당하는 아음계牙音系의 군모群母 g, 후음계喉音系의 갑모匣母 ɦ, 설음계舌音系의 정모定母 d, 순음계脣音系의 봉모奉母 b, 치음계齒音系의 종모從母 dz와 사모邪母 z에서는 "오음吳音이 탁음濁音이면 한음漢音이 청음清音이다"라는 공식이 성립하게 된 것이다.

(1) 군모群母 g의 오음吳音과 한음漢音

한자漢字	동음東音	한음漢音	오음吳音	사적 변천史的變遷	운운韻
期	기	キ	ゴ	ゴ → キ	之개3을
強	강	キョウ	ゴウ	キャウ → キョウ ガウ → ゴウ	陽개3을
極	극	キョク	ゴク		職개3을
權	권	ケン	ゴン	クェン → ケン	仙합3을
勤	근	キン	ゴン		欣개3

군모群母 g는 한국 한자음에서 [ㄱ]으로, 일본 오음吳音에서는 ガ행으로, 한음漢音에서는 カ행으로 출현한다.

(2) 갑모匣母 ɦ의 오음吳音과 한음漢音

한자漢字	동음東音	한음漢音	오음吳音	사적 변천史的變遷	운韻韻
夏	하	カ	ゲ		麻개2
和	화	*カ	ワ	オ(唐) ヲ → オ	戈합1
後	후	コウ	ゴ		侯개1
会	회	カイ	エ	クワイ → カイ ヱ → エ	泰합1
学	학	*カク	ガク		覺개2

갑모匣母 ɦ는 한국 한자음에서 [ㅎ]으로, 일본 오음吳音에서는 ガ행으로, 한음漢音에서는 カ행으로 출현한다. 단지 합구음合口音을 중심으로 일본 오음吳音에서 ワ행으로 출현하는 것이 있다.

(3) 정모定母 d의 오음吳音과 한음漢音

한자漢字	동음東音	한음漢音	오음吳音	사적 변천史的變遷	운韻韻
道	도	トウ	ドウ	タウ → トウ ダウ → ドウ	豪개1
代	대	タイ	ダイ	딗 → 대	咍개1
豆	두	トウ	ズ	ヅ → ズ	侯개1
読	독	トク	ドク		屋개1
重	중	チョウ	ジュウ	듕 → 즁 → 중 ヂウ → ヂュウ → ジュウ	鍾합3갑

정모定母 d는 한국 한자음에서 [ㄷ]으로, 일본 오음吳音에서는 ダ행으로, 한음漢音에서는 タ행으로 출현한다. 단지 한국 한자음에서 구개음화口蓋音化로 인해 i 모음이 후접하는 경우는 [ㅈ]으로 변해 있으며, 일본 오음吳音은 욧쓰가나(四ツ仮名)의 혼동으로 인해 [ヂ]는 [ジ]로, [ヅ]는 [ズ]로 변했다.

(4) 병모竝母 b의 오음吳音과 한음漢音

한자漢字	동음東音	한자漢音	오음吳音	사적 변천史的變遷	운운韻
奉	봉	ホウ	ブ		鍾3을
病	병	ヘイ	ビョウ	ビャウ → ビョウ	庚3
平	평	ヘイ	ビョウ	ビャウ → ビョウ	庚3
白	백	ハク	ビャク	빅 → 백	陌2
伴	반	ハン	バン		桓1

병모竝母 b는 한국 한자음에서 [ㅂ]으로, 일본 오음吳音에서는 バ행으로, 한음漢音에서는 ハ행으로 출현한다.

(5) 종모從母 dz와 사모邪母 z의 오음吳音과 한음漢音

한자漢字	동음東音	한음漢音	오음吳音	사적 변천史的變遷	운운韻
自	자	シ	ジ	주 → 자	脂개3갑
存	존	ソン	ゾン		魂합1
食	식	ショク	ジキ		職개3갑
舌	설	*セツ	ゼツ	셜 → 설	薛개3갑
神	신	シン	ジン		眞개3갑

종모從母 dz는 한국 한자음에서 [ㅈ]으로 사모邪母 z는 한국 한자음에서 [ㅅ]으로 나타나는데, 이 두 운韻 모두 일본 오음吳音에서는 ザ행으로, 한음漢音에서는 サ행으로 출현한다.

2. 청탁자淸濁字의 비음성鼻音性 약화

8-9세기의 중국 당唐나라 장안음長安音에서는 그 이전까지 비음鼻音이었던 청탁자淸濁字가 비음성鼻音性이 약화되어 유성음有聲音과 비슷한 발음으로 변하게 된다. 이는 모든 음계에 걸쳐 공통적으로 일어난 현상이다. 이로 인해 5세기의 남조음南朝音을 모태로 하는 오음吳音에서는 이 청탁자淸濁字를 비음鼻音으로 반영하였지만, 8-9세기의 진음秦音을

모태로 하는 한음漢音에서는 이 청탁자淸濁字가 대부분 탁음濁音으로 반영되었다.

이로 인해 청탁자淸濁字에 해당하는 설음계舌音系의 니모泥母 n, 순음계脣音系의 명모明母 m, 치음계齒音系의 일모日母 ȵ에서는 "오음吳音이 비음鼻音이면 한음漢音이 청음淸音이다"라는 공식이 성립하게 된 것이다.

단지 일부 비음 운미鼻音韻尾를 가진 한자漢字의 경우 어말 비음語末鼻音의 영향으로 한음漢音에서도 비음鼻音으로 나타나는 경우가 존재한다.

또한 아음계牙音系의 의모疑母는 일본어에 ŋ이라는 어두 자음이 존재하지 않아 오음吳音, 한음漢音 모두 ガ행으로 출현한다.

(1) 니모泥母 n의 오음吳音과 한음漢音

한자漢字	동음東音	한음漢音	오음吳音	사적 변천史的變遷	운운韻
內	내	ダイ	ナイ		灰합1
難	난	*ダン	ナン		寒개1
男	남	ダン	ナン	ダム → ダン ナム → ナン	覃개1
念	념	*デン	ネン	ネム → ネン	添개4
女	녀	ジョ	ニョ	ニョウ(慣) ヂョ → ジョ	魚개3갑

니모泥母 n은 한국 한자음에서 [ㄴ]으로, 일본 오음吳音에서는 ナ행으로, 한음漢音에서는 ダ행으로 출현한다. 단지 한음漢音에서 [ヂ]는 욧쓰가나(四ツ仮名)의 혼동으로 [ジ]로 변한다.

(2) 명모明母 m의 오음吳音과 한음漢音

한자漢字	동음東音	한음漢音	오음吳音	사적 변천史的變遷	운운韻
模	모	ボ	モ		模1
苗	묘	ビョウ	*ミョウ	ベウ → ビョウ	宵3을
米	미	ベイ	マイ		齊4
美	미	ビ	*ミ		脂3을
名	명	メイ	ミョウ	ミャウ → ミョウ	淸3

명모明母 m은 한국 한자음에서 [ㅁ]으로, 일본 오음吳音에서는 マ행으로, 한음漢音에서는 バ행으로 출현한다. 단지 한음漢音에서도 비음 운미鼻音韻尾를 가진 한자漢字의 경우 어말 비음語末鼻音의 영향으로 비음鼻音으로 나타나는 경우가 존재한다.

(3) 일모日母 ȵ의 오음吳音과 한음漢音

한자漢字	동음東音	한음漢音	오음吳音	사적 변천史的變遷	운운韻
如	여	ジョ	ニョ		魚개3갑
柔	유	ジュウ	ニュウ	ジウ → ジュウ ニウ → ニュウ	尤개3갑
兒	아	ジ	ニ	ㅇ → 아	支개3갑
若	약	ジャク	ニャク		藥개3갑
然	연	ゼン	ネン		仙개3갑
人	인	ジン	ニン		眞개3갑

일모日母 ȵ은 한국 한자음에서 [ㅇ]으로, 일본 오음吳音에서는 ナ행으로, 한음漢音에서는 ザ행으로 출현한다.

📋 요점 정리

- 오음吳音이 탁음濁音이면 한음漢音은 청음淸音이다.
- 오음吳音의 탁음濁音이 한음漢音에서 청음淸音으로 나타나는 것은 당대唐代에 걸친 탁자濁字의 차청자화次淸字化 때문이다.
- 오음吳音이 비음鼻音이면 한음漢音은 탁음濁音이다.
- 오음吳音의 비음鼻音이 한음漢音에서 탁음濁音으로 나타나는 것은 당대唐代에 걸친 청탁자淸濁字의 비음성鼻音性 약화 때문이다.
- 한국 한자음과 오음吳音은 청탁자淸濁字를 비음鼻音으로, 한음漢音은 탁음濁音으로 반영하였다.

📝 연습 문제

다음 (　　) 안에 알맞은 단어를 넣으시오.

1. 오음吳音이 탁음濁音이면 한음漢音은 (　　　　)이다.

2. 오음吳音의 비음鼻音이 한음漢音에서 탁음濁音으로 나타나는 것은 당대唐代에 걸친 (　　　　)자字의 비음성鼻音性 약화 때문이다.

3.

한자漢字	동음東音	한음漢音	오음吳音	사적 변천史的變遷	운韻
人	인	(　　)	ニン		眞개3갑

읽기 연습

다음 ( ) 안에 알맞은 발음을 カタカナ로 써 넣으시오.

1. 初期　（　　　）
2. 末期　（　　　）
3. 強盗　（　　　）
4. 強制　（　　　）
5. 勤務　（　　　）
6. 権力　（　　　）
7. 夏季　（　　　）
8. 夏至　（　　　）
9. 後退　（　　　）
10. 学問　（　　　）
11. 交代　（　　　）
12. 代理　（　　　）
13. 平和　（　　　）
14. 平等　（　　　）
15. 昼食　（　　　）
16. 美術　（　　　）
17. 氏名　（　　　）
18. 人間　（　　　）
19. 自然　（　　　）
20. 天然　（　　　）

제7강

[하늘 텬] [싸 디]

- 한국어와 일본어의 음운 변화 -

복습

- 탁자濁字의 차청자화次淸字化
- 청탁자淸濁字의 비음성鼻音性 약화

학습 목표

1. 일본 한자음의 음운 변화를 이해한다.
2. 한국 한자음의 음운 변화를 이해한다.

1. 일본 한자음의 음운 변화

(1) 합요음合拗音의 소멸消滅

합요음合拗音에는 ワ행 합요음合拗音 [ワ], [ヰ], [ヱ], [ヲ]와 カ, ガ행 합요음合拗音 [クワ], [クヰ], [クヱ], [グワ], [グヰ], [グヱ]가 있는데, ワ 이외의 표기는 모두 합구성合口性을 상실하여 [ヰ] → [イ], [ヱ] → [エ], [ヲ] → [オ], [クワ] → [カ], [クヰ] → [キ], [クヱ] → [ケ], [グワ] → [ガ], [グヰ] → [ギ], [グヱ] → [ゲ]로 각각 변했다.

한자漢字	동음東音	한음漢音	오음吳音	사적 변천史的變遷	성모聲母
回	회	カイ	エ	クワイ → カイ ヱ → エ	匣 ɦ → h
為	위	イ		ヰ → イ	于 ʼi → ʼi
貫	관	カン		クワン → カン	見 k
鬼	귀	キ		クヰ → キ	見 k
光	광	コウ		クワウ → カウ → コウ	見 k

(2) 연모음連母音의 장모음화長母音化

일본어는 원래 '자음子音 + 모음母音'이라는 CV 구조이므로 모음母音의 연속을 꺼린다. 그래서 고대어古代語에서는 ア행 음이 어두語頭 이외에는 오지 않았다. 그런데 헤이안平安 시대 이후 ハ행 전호음転呼音과 한자음의 표기로 인해 모음母音이 연속되는 경우가 나타나게 되었다. 예를 들면 ハ행 전호음轉呼音으로 인해 '사다'라는 의미의 買ふ[かふ]가 [かう]로 변하게 되었다. 또한 당시의 중국어를 일본어로 표기하면서 高, 好 등을 カウ로 표기하여 [kau]와 같이 모음母音이 연속하는 연모음連母音이 발생하게 되었다.

당초에는 이처럼 모음母音이 연속할 때 두 모음母音을 따로따로 발음했었지만, 점차 두 모음母音을 하나로 발음하여 결국 장모음長母音이 성립하게 된 것이다. 그 유형에는 [アウ] → [オウ], [エウ]·[ヤウ] → [ヨウ], [イウ] → [ユウ]를 들 수 있다.

한자漢字	동음東音	한음漢音	오음吳音	사적 변천史的變遷	성운聲韻
郎	랑	ロウ		ラウ → ロウ	來唐개1
光	광	コウ		クワウ → カウ → コウ	見唐합1
洋	양	ヨウ		ヤウ → ヨウ	喩陽개3갑
要	요	ヨウ		エウ → ヨウ	影宵개3갑
友	우	ユウ	*ウ	イウ → ユウ	于尤개3을

(3) 순내 비음 운미脣內鼻音韻尾 m과 순내 입성 운미脣內入聲韻尾 p의 변화

순내 비음 운미脣內鼻音韻尾 m은 개음절 구조開音節構造의 일본어에는 없었던 음소音素로, 한국어 "김치"를 キムチ로 표기하듯이, 이를 ム로 표기하여 m으로 발음하려 했다. 그러나 순내 비음 운미脣內鼻音韻尾 m은 이미 원정기院政期부터 설내 비음 운미舌內鼻音韻尾 n과 혼동하는 예를 볼 수 있으며 가마쿠라鎌倉 중기 이후부터는 음성적으로 설내 비음 운미舌內鼻音韻尾 n에 흡수되었다가 음운으로서는 하네루온撥音 N으로 변해 버린다.

또한 순내 입성 운미脣內入聲韻尾 p 역시 개음절 구조開音節構造의 일본어에는 없었던 음소音素로, 이를 フ로 표기하여 p로 발음하려 했다. 그러나 순내 입성 운미脣內入聲韻尾 p는 이미 헤이안平安 시대부터 ハ행 전호음轉呼音으로 인하여 모음母音 ウ로 변하며, ツ로도 변하였다.

한자漢字	동음東音	한음漢音	오음吳音	사적 변천史的變遷	성운聲韻
談	담	*タン	ダン	ダム → ダン	定談개1
林	림	リン	リン	リム → リン	來侵개3갑
踏	답	トウ	トウ	タフ → タウ → トウ	透合개1
雜	잡	*ソウ	ザツ ゾウ	ザフ → ザツ ザフ → ザウ → ゾウ	從合개1
圧	압	アツ	*ヨウ	アフ → アツ	影狎개2

(4) 연탁連濁

　　연탁連濁(レンダク)이란 원래 한어漢語에서 m, n, ŋ과 같은 비음鼻音으로 끝나는 말 뒤에 청음淸音이 연결될 때 앞의 비음鼻音의 영향으로 인해 뒤의 청음淸音이 탁음濁音으로 바뀌는 현상이다. 그런데 ŋ을 ウ나 イ로 표기함에 따라 비음鼻音 이외의 모음母音 뒤에서도 연탁連濁이 일어나게 되었고, 어떤 경우에는 비음鼻音 뒤에서도 연탁連濁이 일어나지 않는 등 일정하지 않게 되었다.

　　이에 따라 연탁連濁은 점차 두 단어의 결합도가 강한 단어單語에만 발생하는 방향으로 축소되어 갔으며, 현대어現代語에서는 연탁連濁을 일으키지 않는 방향으로 변하고 있다. 아래의 예와 같이 中國[チュウゴク]란 단어는 오래된 단어이기 때문에 연탁連濁이 발생했지만, 韓國[カンコク]란 단어는 근대近代에 새로 만들어진 단어이기 때문에 연탁連濁이 발생하지 않았다. 또한 三階는 교과서 등에도 サンガイ로 기재되어 있지만, 요즘의 젊은 층에서는 대부분 이를 [サンカイ]로 연탁連濁 없이 발음하고 있다.

　　例 誕(タン) + 生(ショウ) ➡ タンジョウ
　　　　平(ビョウ) + 等(トウ) ➡ ビョウドウ
　　　　花(はな) + 火(ひ) ➡ はなび
　　　　中國(チュウゴク) ↔ 韓國(カンコク)
　　　　三階(サンガイ ⇒ サンカイ)

(5) 연성連声

　　연성連声(レンジョウ)이란 한어漢語에서 m, n, t로 끝나는 말 뒤에 모음母音이 연결될 때 뒷소리가 m, n, t로 변하는 현상으로, 현재는 일부 단어單語에만 화석화되어 남아 있다. 이는 한국어에서 [안양]이 [아냥]으로 발음되는 연음 법칙連音法則과 유사한 현상이라고 할 수 있다. 단지 한국어에서는 위의 자음子音이 아래 모음母音에 그대로 연결되지만, 일본어의 경우 위의 자음子音이 아래 모음母音에 연결될 때 위의 자음子音도 그대로 유지시키면서 1박을 이룬다는 차이가 있다. 이는 일본어의 모라(モーラ) 언어적 특성을 반영하는 현상으로 파악할 수 있다.

　　例 天(テン) + 皇(オウ) ➡ テンノウ [tenno:]
　　　　反(ハン) + 応(オウ) ➡ ハンノウ [hanno:]

三(サム) + 位(イ) ➡ サンミ [sa<u>mm</u>i]

(6) 촉음화促音化

촉음화促音化(ソクオンカ)란 한어漢語의 입성入聲인 p(フ), t(チ, ツ), k(キ, ク)로 끝나는 말 뒤에 청음淸音이 연결될 때 앞 소리가 촉음促音으로 바뀌는 현상으로, 뒤 소리가 ハ행인 경우에는 パ행으로 변한다. 현대어現代語에서 k(キ, ク)로 끝나는 말에서는 같은 カ행일 경우에만 촉음화促音化한다.

> **예** 學(ガク) + 校(コウ) ➡ ガッコウ [ga<u>kk</u>oː]
> 日(ニチ) + 本(ホン) ➡ ニッポン [ni<u>pp</u>oN]
> 雜(ザフ) + 誌(シ) ➡ ザッシ [za<u>ʃʃ</u>i]
> **예외** 學(ガク) + 生(セイ) ➡ ガクセイ

2. 한국 한자음의 음운 변화

(1) [아래아 ㆍ]의 소멸消滅

15세기의 한글 훈민정음訓民正音에 존재했던 [아래아 ㆍ/ɐ/]는 15세기 중기부터 이미 그 발음이 소실消失되는 예가 나타나기 시작해서 18세기말에는 완전히 음소音素로서 소멸消滅하여, 한자음의 표기에서는 20세기에 들어서 [아래아 ㆍ]가 모두 [ㅏ]로 변하였다. 이에 따라 지섭止攝 치음자齒音字의 'ㅅ', 'ㅈ', 'ㅊ', 'ㆁ'는 모두 '사', '자', '차', '아'로 변하였으며, 해섭蟹攝 1·2등 운의 [ㅐ/ai/]와 [ㆎ/ɐi/]의 구별도 소멸되었다.

이로 인해 일본 한자음에서 イ단 음音에 해당하는 자음字音이 한국 한자음의 [ㅏ]에 대응하는 경우가 발생하게 된 것이다.

한자漢字	동음東音	한음漢音	오음吳音	사적 변천史的變遷	운운韻韻
四	사	シ		ᄉᆞ ➡ 사	脂개3갑
自	자	シ	ジ	ᄌᆞ ➡ 자	脂개3갑
兒	아	ジ	ニ	ᅌᆞ ➡ 아	支개3갑
愛	애	アイ	*エ	ᄋᆡ ➡ 애	咍개1
海	해	カイ		ᄒᆡ ➡ 해	咍개1

(2) [ㅢ]의 단모음화單母音化

한국어의 단모음화單母音化는 19세기에 [ㅐ], [ㅔ]를 시작으로 대개 20세기에 들어서 완결되는데, 이로 인해 [ㅢ]는 [ㅣ]로 단모음화單母音化하였다. 이로 인해 지섭止攝 을류 운에 나타나는 [ㅢ]는 100% [ㅣ]로 변하게 되었다. 이 [ㅢ]는 [의], [희]와 함께 -ii형을 취함으로써 갑류의 -i형과 구별을 유지했으며, 오음吳音의 -e형이나 -o형에 대응되는 자음형이었다. 현대 한국어에서도 [의]와 [이]는 구별을 유지하고 있지만, [희]와 [히]는 그 구별이 소멸된 상태이다. 따라서 앞으로 '희'라는 자음字音은 'ㅢ'와 동일하게 전부 '히'로 그 표기가 바뀔 것으로 예상된다.

한자漢字	동음東音	한음漢音	오음吳音	사적 변천史的變遷	운韻
寄	기	キ		ㅢ → ㅣ	支개3을
器	기	キ		ㅢ → ㅣ	脂개3을
己	기	キ	コ	ㅢ → ㅣ	之개3을
期	기	キ	ゴ	ㅢ → ㅣ	之개3을
碁	기	*キ	ゴ	ㅢ → ㅣ	之개3을

(3) i 모음 첨가 현상母音添加現象

i 모음 첨가 현상母音添加現象은 [소고기]가 [쇠고기]로 변하는 것과 같은 현상으로, 일반적으로 국어학계에서는 Umlaut 현상이 단모음화單母音化의 결과로 18세기말엽에 성립된 것으로 보고 있으나, 15세기 이전부터 이미 진행되고 있었고, 현재도 진행 중이라고 할 수 있다. 오른쪽 표를 보면, 15, 16세기 자료에는 i 모음母音이 첨가된 자음형字音形과 i 모음母音이 첨가되지 않은 자음형字音形이 섞여 나타난다. 표에서 사적 변천史的變遷란에 * 표시를 한 자음字音은 이미 15, 16세기 자료에 i 모음母音이 첨가된 자음형을 취하고 있으며, * 표시가 없는 자음字音은 15, 16세기 이후에 i 모음母音이 첨가된 것이라고 할 수 있다. 이러한 i 모음 첨가 현상母音添加現象으로 인해 일본 한자음에서는 i 모음母音이 후접後接되지 않는 자음형에 한국 한자음에서는 i 모음母音이 후접後接하는 경우가 발생하게 된 것이다. 앞으로도 이러한 변화는 지속될 가능성이 있다.

한자漢字	동음東音	한음漢音	오음吳音	사적 변천史的變遷	운韻
個	개	*カ		*가 → 개	歌개1
箇	개	カ		*가 → 개	歌개1
予	예	ヨ		여 → 예	魚개3갑
諸	제	ショ		져 → 졔 → 제	魚개3갑
脳	뇌	*ドウ	ノウ	*노 → 뇌 ナウ → ノウ	豪개1

📋 요점 정리

- 합요음合拗音의 소멸消滅 : 官(クヮン) ➡ カン
- 연모음連母音의 장모음화長母音化 : 郎(ラウ) ➡ ロウ
- 순내 비음 운미脣內鼻音韻尾 m : 三(サム) ➡ サン
- 순내 입성 운미脣內入聲韻尾 p : 甲(カフ) ➡ カウ ➡ コウ
- 연탁連濁 : 平(ビョウ) + 等(トウ) ➡ ビョウドウ
- 연성連声 : 反(ハン) + 応(オウ) ➡ ハンノウ
- 촉음화促音化 : 學(ガク) + 校(コウ) ➡ ガッコウ
- [아래아 ㆍ]의 소멸 : 四(ᄉᆞ) ➡ 사
- [ㅢ]의 단모음화 : 期(긔) ➡ 기
- i 모음 첨가 현상母音添加現象 : 腦(노) ➡ 뇌

✏️ 연습 문제

다음 (　) 안에 알맞은 단어를 넣으시오.

1. 官(　　　) ➡ カン
2. 郎(　　　) ➡ ロウ
3. 三(　　　) ➡ サン
4. 甲(　　　) ➡ カウ ➡ コウ
5. 四(　　　) ➡ 사
6. 腦(　　　) ➡ 뇌

읽기 연습

다음 ( ) 안에 알맞은 발음을 カタカナ로 써 넣으시오.

1. 行為　　(　　　　)
2. 観光　　(　　　　)
3. 洋服　　(　　　　)
4. 要素　　(　　　　)
5. 混雑　　(　　　　)
6. 雑誌　　(　　　　)
7. 誕生　　(　　　　)
8. 中国　　(　　　　)
9. 天皇　　(　　　　)
10. 反応　　(　　　　)

11. 学校　　(　　　　)
12. 学生　　(　　　　)
13. 小児　　(　　　　)
14. 児童　　(　　　　)
15. 自由　　(　　　　)
16. 海外　　(　　　　)
17. 自己　　(　　　　)
18. 個人　　(　　　　)
19. 予測　　(　　　　)
20. 頭脳　　(　　　　)

제8강

[사진]은 왜 [シャシン]인가?

- [아] 계열의 대응 -

복습

- 합요음合拗音의 소멸消滅 : 官(クヮン) → カン
- 연모음連母音의 장모음화長母音化 : 郎(ラウ) → ロウ
- 순내 비음 운미脣內鼻音韻尾 m : 三(サム) → サン
- 순내 입성 운미脣內入聲韻尾 p : 甲(カフ) → カウ → コウ
- 연탁連濁 : 平(ビョウ) + 等(トウ) → ビョウドウ
- 연성連声 : 反(ハン) + 応(オウ) → ハンノウ
- 촉음화促音化 : 學(ガク) + 校(コウ) → ガッコウ
- [아래아 ㆍ]의 소멸 : 四(ᄉᆞ) → 사
- 'ㅢ'의 단모음화 : 期(긔) → 기
- i 모음 첨가 현상母音添加現象 : 腦(노) → 뇌

학습 목표

1. [아] 계열의 대응을 이해한다.
2. 한국 한자음의 1음절화音節化를 이해한다.
3. 운미韻尾의 한일 한자음에서의 대응을 이해한다.

1. 한국 한자음 [아], [와], [야]

한국 한자음 [아]는 주로 중국 중고음中古音 개구운開口韻의 1등 가운歌韻 -ɑ, 2등 마운麻韻 -a, 지섭止攝 제운諸韻의 치두음齒頭音·치상음齒上音에 해당하며, [와]는 그 합구운合口韻인 1등 합구 과운戈韻 -uɑ와 2등 합구 마운麻韻 -ua에, [야]는 3등 마운麻韻 -ia에 해당한다. 그 중고음과 반영을 정리하면 다음과 같다.

운모韻母	중고음中古音			오음吳音	동음東音	한음漢音
	남북조음 南北朝音	절운음 切韻音	진음 秦音			
歌개1	-ɑ	-ɑ	-ɑ	-a	-a	-a
戈합1	-uɑ	-uɑ	-uɑ	-wa	-oa	-wa
戈합3	-uïɑ	-uïɑ	-uïɑ			
麻개2	-a	-a	-ɑ	-e, -ja, -a	-a	-a
麻합2	-ua	-ua	-uɑ	-we	-oa	-wa
麻개3	-ia	-ia	-iɑ	-ja	-ja	-ja
지섭止攝 치두음齒頭音 치상음齒上音				-i	-ə	-i

(1) 가운歌韻(開1) -ɑ · 과운戈韻(合1) -uɑ

한자漢字	동음東音	한음漢音	오음吳音	사적 변천史的變遷	성모聲母
歌	가	カ			見 k
他	타	タ			透 tʰ
羅	라	ラ			來 l
果	과	カ		クヮ → カ	見 k
火	화	カ		クヮ → カ	曉 h

가운歌韻(開1) -ɑ는 한국 한자음, 일본 오음吳音, 한음漢音 모두 동일한 -a형으로 출현한다. 그 합구운合口韻인 과운戈韻(합1) -uɑ도 동일한 -wa형으로 출현한다.

(2) 마운麻韻(開2) -a · 마운麻韻(合2) -ua

한자漢字	동음東音	한음漢音	오음吳音	사적 변천史的變遷	성모聲母
家	가	カ	ケ		見 k
夏	하	カ	ゲ		匣 ɦ → h
馬	마	バ	*メ		明 m → ᵐb
化	화	カ	ケ	クヮ → カ クェ → ケ	曉 h
花	화	カ	*ケ	クヮ → カ	曉 h

마운麻韻(開2) -a는 한국 한자음에서는 -a형으로, 일본 한자음에서는 오음吳音은 -e형으로, 한음漢音은 -a형으로 출현한다. 2등의 전설 저위 모음 a는 진음秦音 후기에 1등의 후설 저위 모음 ɑ와 통합된다. 한국 한자음은 전설 저위 모음 a와 후설 저위 모음 ɑ의 구별이 없으므로 -a형으로 반영되었다. 그런데 일본 오음吳音은 a의 전설성前舌性을 e로 반영한 것이며, 한음漢音은 진음秦音 후기의 전후설의 구별이 없어진 음을 반영했기 때문에 -a형으로 출현하는 것이다.

(3) 마운麻韻(開3) -ia

한자漢字	동음東音	한음漢音	오음吳音	사적 변천史的變遷	성모聲母
夜	야	ヤ			喩 ʼi
野	야	ヤ			喩 ʼi
者	자	シャ		쟈 → 자	照 tɕ
車	차	シャ		챠 → 차	穿 tɕʰ
邪	사	*シャ	ジャ	샤 → 사	邪 z → s

마운麻韻(開3) -ia는 한국 한자음, 일본 오음吳音, 한음漢音 모두 동일한 -ja형으로 출현한다. 단지 한국 한자음의 치음자齒音字는 단모음화單母音化한다.

(4) 지섭止攝 제운諸韻의 치두음齒頭音·치상음齒上音

한자漢字	동음東音	한음漢音	오음吳音	사적 변천史的變遷	성모聲母
資	자	シ		ズ → 자	精 ts
刺	자	シ		ズ → 자	淸 tsʰ
次	차	シ		ジ(慣) ズ → 차	淸 tsʰ
士	사	シ	*ジ	ズ → 사	牀 dʒ → ɕ
史	사	シ		ス → 사	山 ʃ

    지섭止攝 제운諸韻의 치두음齒頭音·치상음齒上音은 한국 한자음에서 -ɐ형으로, 오음吳音과 한음漢音은 주로 -i형으로 반영되었다. 한국 한자음은 정치음正齒音은 -i형으로, 치두음齒頭音·치상음齒上音은 -ɐ형으로 구별하여 반영하여 7세기 절운음切韻音의 체계를 반영한다. 이후 한국어 [아래아 ㆍ]의 소멸로 인해 -ɐ형은 -a형으로 변하였으며, 이로 인해 한국 한자음 -a형이 일본 한자음 -i형에 대응하는 예가 발생하게 된 것이다.

2. 한국 한자음 [앙/악], [왕/왁], [양/약]

    한국 한자음 [앙/악]은 중국 중고음中古音 개구운開口韻의 1등 당운唐韻 -aŋ/k, 2등 강운江韻 -auŋ/k, 3등 을류 양운陽韻 -ïaŋ/k에 해당하며, [왕/왁]은 그 합구운合口韻인 1등 합구合口 당운唐韻 -uaŋ/k, 3등 합구合口 양운陽韻 -uïaŋ/k에, [양/약]은 3등 갑류 양운陽韻 -ïaŋ/k에 해당한다. 그 중고음과 반영을 정리하면 다음과 같다.

운모韻母	중고음中古音			오음吳音	동음東音	한음漢音
	남북조음 南北朝音	절운음 切韻音	진음 秦音			
江개2	-auŋ/k	-aŋ/k	-aŋ/k	-au/k -ou/k	-aŋ/k	-au/k
唐개1	-ɑŋ/k	-ɑŋ/k	-ɑŋ/k	-au/k	-aŋ/k	-au/k
唐합1	-uɑŋ/k	-uɑŋ/k	-uɑŋ/k	-wau/k	-oaŋ/k	-wau/k
陽개3을	-ïaŋ/k	-ïaŋ/k	-iaŋ/k	-au/k	-aŋ/k	-jau/k
陽개3갑	-iaŋ/k	-iaŋ/k		-jau/k	-jaŋ/k	
陽합3	-uïaŋ/k	-uïaŋ/k	-uiaŋ/k	-wau/k	-oaŋ/k	-wijau/k

(1) 당운唐韻(開1) -ɑŋ/k · 당운唐韻(合1) -uɑŋ/k

한자漢字	동음東音	한음漢音	오음吳音	사적 변천史的變遷	성모聲母
鋼	강	コウ		カウ → コウ	見 k
各	각	カク			見 k
幕	막	バク	マク		明 m → ᵐb
當	당	トウ		タウ → トウ	端 t
光	광	コウ		クワウ → カウ → コウ	見 k

  당운唐韻(開1) -ɑŋ/k은 한국 한자음에서 -aŋ/k형으로, 일본 오음吳音, 한음漢音에서 -au/ku형으로 출현한다. 그 합구운合口韻도 한국 한자음에서 -oaŋ/k형으로, 일본 오음吳音, 한음漢音에서 -wau/ku형으로 출현한다. 개음절 구조의 일본어에서는 한자음을 수용할 당시 어말 자음 ŋ이 없었기 때문에 이를 [ウ]로 수용한 것이다. 일본 한자음의 -au형과 -wau형은 연모음連母音의 장음화長音化로 인해 -ou형으로 변한다.

(2) 강운江韻(開2) -auŋ/k

한자漢字	동음東音	한음漢音	오음吳音	사적 변천史的變遷	성모聲母
講	강	コウ		カウ → コウ	見 k
角	각	カク			見 k
岳(嶽)	악	ガク			疑 ŋ → ⁿg
学	학	*カク	ガク		匣 ɦ → h
朴	박	*ハク	ボク		滂 pʰ

강운江韻(開2) -auŋ/k은 한국 한자음에서 -aŋ/k형으로, 일본 오음吳音, 한음漢音에서도 대부분 -au/ku형으로 출현하는데, 오음에는 -ou/ku형이 혼재한다.

(3) 양운陽韻(開3을) -ïaŋ/k

한자漢字	동음東音	한음漢音	오음吳音	사적 변천史的變遷	성모聲母
強	강	キョウ	ゴウ	キャウ → キョウ ガウ → ゴウ	群 g → kʰ
央	앙	*ヨウ	オウ	アウ → オウ	影 ʔ
香	향	キョウ	コウ	キャウ → キョウ カウ → コウ	曉 h
亡	망	ボウ	モウ	バウ → ボウ マウ → モウ	微 m → ᵐv
壯	장	*ショウ	ソウ	サウ → ソウ	莊 tʃ → tɕ

양운陽韻(開3을) -ïaŋ/k은 한국 한자음에서 -aŋ/k형으로, 일본 오음吳音도 -au/ku형으로 출현하는데, 한음漢音은 -jau/ku형으로 출현한다. 이는 한음漢音의 모태가 된 8-9세기의 당대唐代 장안음長安音에서 을류의 개음介音 ï가 i로 전설화前舌化했기 때문이다. 이를 3등 을류의 갑류에의 합병이라고 한다.

(4) 양운陽韻(開3갑) -iaŋ/k

한자漢字	동음東音	한음漢音	오음吳音	사적 변천史的變遷	성모聲母
羊	양	ヨウ		ヤウ → ヨウ	喩 ʼi
張	장	チョウ		댱 → 쟝 → 장 チャウ → チョウ	知 ṭ
両	량	リョウ		リャウ → リョウ	來 l
略	략	リャク			來 l
障	장	ショウ		쟝 → 장 シャウ → ショウ	照 tɕ

양운陽韻(開3갑) -iaŋ/k은 한국 한자음에서 -jaŋ/k형으로, 일본 오음吳音, 한음漢音에서도 동일하게 -jau/ku형으로 출현한다.

3. 한국 한자음 [안/알], [완/왈]

한국 한자음 [안/알]은 중국 중고음中古音 개구운開口韻인 1등 한운寒韻 -ɑn/t과 2등 산운刪韻 -an/t, 산운山韻 -ɐn/t에 해당하며, [완/왈]은 합구운合口韻인 1등의 환운桓韻 -uɑn/t과 2등의 산운刪韻 -uan/t, 산운山韻 -uɐn/t에 해당한다. 그 중고음과 반영을 정리하면 다음과 같다.

운모韻母	중고음中古音			오음吳音	동음東音	한음漢音
	남북조음 南北朝音	절운음 切韻音	진음 秦音			
寒개1	-ɑn/t	-ɑn/t	-an/t	-an/t	-an/l	-an/t
刪개2	-an/t	-an/t		-en/t		
山개2	-ɐn/t	-ɐn/t				
桓합1	-uɑn/t	-uɑn/t	-uan/t	-wan/t	-oan/l	-wan/t
刪합2	-uan/t	-uan/t		-wen/t		
山합2	-uɐn/t	-uɐn/t				

(1) 한운寒韻(開1) -ɑn/t · 환운桓韻(合1) -uɑn/t

한자漢字	동음東音	한음漢音	오음吳音	사적 변천史的變遷	성모聲母
刊	간	カン			渓 kʰ
安	안	アン			影 ʔ
韓	한	カン	*ガン		匣 ɦ → h
官	관	カン		クワン → カン	見 k
活	활	カツ	*ガツ	クワツ → カツ	匣 ɦ → h

　한운寒韻(開1) -ɑn/t은 한국 한자음에서 -an/l형으로, 일본 오음吳音, 한음漢音 모두 -an/at형으로 반영되었다. 중국 중고음의 운미韻尾 n은 일본 오음吳音, 한음漢音에서 [ン]으로, t는 [チ]나 [ツ]로 반영되었는데, 후대에는 주로 [ツ]로 통일된다. [チ]나 [ツ] 모두 t로 발음하려 했던 것이지만, 일본어의 개음절 구조로 인해 개음절화한 것이다.

　환운桓韻(合1) -uɑn/t도 한국 한자음에서 -oan/l형으로, 일본 오음吳音, 한음漢音 모두 -wan/t형으로 반영되었다.

(2) 산운刪韻(開2) -an/t · 산운山韻(開2) -ɐn/t,
　　산운刪韻(合2) -uan/t · 산운山韻(合2) -uɐn/t

한자漢字	동음東音	한음漢音	오음吳音	사적 변천史的變遷	성모聲母
間	간	カン	ケン		見 k
簡	간	カン	*ケン		見 k
眼	안	ガン	ゲン		疑 ŋ → ⁿg
刹	찰	サツ	セツ		初 tʃʰ → tɕʰ
殺	살	サツ	セツ		山 ʃ → ɕ

　산운刪韻(開2) -an/t과 산운山韻(開2) -ɐn/t은 한국 한자음에서 -an/l형으로, 일본 한음漢音에서도 -an/t형으로 반영되었는데, 오음吳音은 -en/t형으로 반영되었다. 오음吳音은 2등 주모음 a와 ɐ의 전설성前舌性을 반영해서 주모음을 e로 반영했지만, 한음漢音은 2등 운이 1등 운과 통합되어 전설성前舌性이 없어진 상태를 반영했기 때문에 주모음을 a로 반영한 것이다.

4. 한국 한자음 [암/압]

한국 한자음 [암/압]은 중국 중고음中古音 1등의 담운談韻 -ɑm/p과 담운覃韻 -ʌm/p, 2등의 함운銜韻 -am/p과 함운咸韻 -ɐm/p에 해당한다. 그 중고음과 반영을 정리하면 다음과 같다.

운모韻母	중고음中古音			오음吳音	동음東音	한음漢音
	남북조음 南北朝音	절운음 切韻音	진음 秦音			
談개1	-ɑm/p	-ɑm/p	-am/p	-am/ɸ	-am/p	-am/ɸ
覃개1	-ʌm/p	-ʌm/p		-am/ɸ -om/ɸ		
銜개2	-am/p	-am/p		-am/ɸ		
咸개2	-ɐm/p	-ɐm/p		-em/ɸ		

(1) 담운談韻(開1) -ɑm/p

한자漢字	동음東音	한음漢音	오음吳音	사적 변천史的變遷	성모聲母
甘	감	カン		カム → カン	見 k
塔	탑	トウ		タフ → タウ → トウ	透 t^h
淡	담	タン	*ダン	タム → タン	定 d → t^h
濫	람	ラン		ラム → ラン	來 l
三	삼	サン		サム → サン	心 s

담운談韻(開1) -ɑm/p은 한국 한자음에서는 -am/p형으로, 일본 오음吳音, 한음漢音에서도 모두 -am/ɸ형으로 출현한다. 중고음의 운미韻尾 m은 일본 한자음에서 [ム]로 반영하여 m으로 발음하려 했으나 100% [ン]으로 변했으며, 운미韻尾 p는 [フ]로 반영하여 p로 발음하려 했으나 ハ행 전호음轉呼音으로 인해 모음 [ウ]로 변하거나 [ッ]로 변했다.

(2) 담운覃韻(開1) -ʌm/p

한자漢字	동음東音	한음漢音	오음吳音	사적 변천史的變遷	성모聲母
紺	감	*カン	コン	コム → コン	見 k
含	함	*カン	ガン	ガム → ガン	見 k
答	답	トウ		タフ → タウ → トウ	端 t
曇	담	*タン	ドン	ドム → ドン	定 d → t^h
男	남	ダン	ナン	ダム → ダン ナム → ナン	泥 n → ^{n}d

　담운覃韻(開1) -ʌm/p은 한국 한자음에서는 -am/p형으로, 일본 오음吳音, 한음漢音에서도 대부분 -am/ɸ형으로 출현한다. 단지 오음에서는 주모음 ʌ를 o로 반영한 것이 존재한다.

(3) 함운銜韻(開2) -am/p

한자漢字	동음東音	한음漢音	오음吳音	사적 변천史的變遷	성모聲母
監	감	カン	*ケン	カム → カン	見 k
甲	갑	コウ	*キョウ	カン(慣) カフ → カウ → コウ	見 k
岩	암	ガン	*ゲン	ガム → ガン	疑 ŋ → ^{n}g
圧	압	アツ	*ヨウ	アフ → アツ	影 ʔ
艦	함	カン	*ゲン	カム → カン	匣 ɦ → h

　함운銜韻(開2) -am/p은 한국 한자음에서는 -am/p형으로, 일본 한음漢音에서도 -am/ɸ형으로 출현하지만, 오음吳音에서는 주모음 a의 전설성前舌性을 반영하여 -em/ɸ형으로 출현한다.

(4) 함운咸韻(開2) -ɐm/p

한자漢字	동음東音	한음漢音	오음吳音	사적 변천史的變遷	성모聲母
減	감	*カン	ゲン	ゲム → ゲン	匣 ɦ → h
陷	함	カン	*ゲン	カム → カン	匣 ɦ → h
峽	협	*コウ	*ギョウ	キョウ(慣)	匣 ɦ → h
斬	참	*サン		ザン(慣)	莊 tʃ → tɕ
揷	삽	ソウ	*ショウ	サフ → サウ → ソウ	初 tʃʰ → tɕʰ

함운咸韻(開2) -ɐm/p도 한국 한자음에서는 -am/p형으로, 일본 한음漢音에서도 -am/ɸ형으로 출현하지만, 오음吳音에서는 주모음 a의 전설성前舌性을 반영하여 -em/ɸ형으로 출현한다.

📋 요점 정리

- 1등 운의 주모음主母音은 후설 모음으로 저위의 ɑ와 중저위의 ʌ가 있는데, 이것이 진음秦音(당대唐代 장안음長安音)에서 저위와 중저위의 구별이 없는 하나의 모음으로 통합된다. 이를 1등 중운重韻의 합류라고 한다. 한국 한자음에서는 ɑ를 주로 [아]로, ʌ를 주로 [아래아 ㆍ]로 수용하였으며, 일본 오음에서도 ʌ가 o로 수용되는 경우가 있다.

- 2등 운의 주모음主母音은 전설 모음으로 저위의 a와 중저위의 ɐ가 있는데, 이것이 진음秦音(당대唐代 장안음長安音)에서 저위와 중저위의 구별이 없는 하나의 모음으로 통합된다. 이를 2등 중운重韻의 합류라고 한다. 한국 한자음에서는 a를 주로 [아]로, ɐ를 주로 [아래아 ㆍ]로 수용하였으며, 일본 오음에서도 ɐ가 e로 수용되는 경우가 있다.

- 진음秦音 후기에서는 1등 운과 2등 운도 합류하여 그 구별이 없어져 현대 한국어처럼 모음 [아]는 하나로 통합된다. 이를 1등 운과 2등 운의 합류라고 한다.

- 한국 한자음은 저위 모음 [아]에 전설 모음과 후설 모음의 구별이 없기 때문에 1등 저위 모음 ɑ와 2등 저위 모음 a는 [아]로 반영되었지만, 조선 시대까지 [아래아 ㆍ]가 존재하였기 때문에 1등 중저위 모음 ʌ와 2등 중저위 모음 ɐ는 이를 [아래아 ㆍ]로 수용하였다가 다시 [아]로 변한 것이다.

- 한음漢音은 1등 운의 합류, 2등 운의 합류, 그리고 1등 운과 2등 운도 모두 합류하여 하나의 [아]가 된 상태를 반영하기 때문에 한음漢音은 1·2등 운의 주모음이 주로 a로 출현하지만, 오음吳音은 2등 운 a와 ɐ의 전설성前舌性을 반영하여 주모음主母音을 e로 반영하는 경우가 있으며, 또한 1등의 ʌ도 o로 수용하는 경우가 있다. 이로 인해 한국 한자음의 [아]는 일본 한음漢音에서는 거의 대부분 a로 일치하고 있지만, 일본 오음吳音에서는 e나 o로 나타나는 경우가 존재하는 것이다.

- 중고음의 운미韻尾 ŋ은 일본 오음吳音, 한음漢音에서 주로 [ウ]로 수용되었다. (일부는 [イ]로)

- 중고음의 운미韻尾 m은 일본 오음吳音, 한음漢音에서 [ム]로 수용해서 [ン]으로 변했다.

- 중고음의 운미韻尾 p는 일본 오음吳音, 한음漢音에서 [フ]로 수용해서 주로 [ウ]로 변했으며, 일부는 [ッ]로 변했다.

📝 연습 문제

다음 (   ) 안에 알맞은 단어를 넣으시오.

1. 1등 운의 주모음主母音은 후설 모음으로 저위의 ɑ와 중저위의 (   )가 있는데, 이것이 진음秦音(당대唐代 장안음長安音)에서 저위와 중저위의 구별이 없는 하나의 모음으로 통합된다.

2. 일본 한음漢音은 1등 운, 2등 운 모두 주모음主母音이 주로 (   )로 출현한다.

3. 중고음의 운미韻尾 ŋ은 일본 오음吳音, 한음漢音에서 주로 (   )로 수용되었다.

읽기 연습

다음 (　) 안에 알맞은 발음을 カタカナ로 써 넣으시오.

1. 他人　(　　　)
2. 火事　(　　　)
3. 出家　(　　　)
4. 家事　(　　　)
5. 化学　(　　　)
6. 邪魔　(　　　)
7. 資産　(　　　)
8. 士官　(　　　)
9. 幕府　(　　　)
10. 字幕　(　　　)
11. 講義　(　　　)
12. 香水　(　　　)
13. 死亡　(　　　)
14. 緊張　(　　　)
15. 刊行　(　　　)
16. 活力　(　　　)
17. 殺害　(　　　)
18. 談話　(　　　)
19. 応答　(　　　)
20. 減量　(　　　)

제9강

상대上代 일본어에는 [어]가 있었다

- [어] 계열의 대응 -

복습

- 1등 중운重韻의 합류
- 2등 중운重韻의 합류
- 1등 운과 2등 운의 합류
- 한국 한자음의 [아]와 [아래아 ㆍ]의 구별 반영
- 일본 오음吳音의 2등 a·ɐ의 e 반영과 1등 ʌ의 o 반영
- 일본 한음漢音의 1·2등 모두 a 반영
- 일본 한자음에서 운미韻尾 ŋ ⇒ ウ, m ⇒ ム → ン, p ⇒ フ → ウ·ツ

학습 목표

1. [어] 계열의 대응을 이해한다.
2. 3등 갑을류 운의 차이와 그 한일 한자음의 반영차를 이해한다.
3. 운미韻尾의 한일 한자음에서의 대응을 숙지한다.

1. 한국 한자음 [어], [여]

한국 한자음 [어]는 중국 중고음中古音의 개구開口 3등 을류 어운魚韻 -ïə에 해당하며, [여]는 3등 갑류 어운魚韻 -iə와 해섭蟹攝 3·4등 갑류 운韻의 일부에 해당한다. 그 중고음과 반영을 정리하면 다음과 같다.

운모韻母	중고음中古音			오음吳音	동음東音	한음漢音
	남북조음 南北朝音	절운음 切韻音	진음 秦音			
魚개3을	-ïʌu	-ëi	-iə	-o	-ə	-jo
魚개3갑	-iʌu	-ei		-jo	-jə	
祭개3갑	-iai	-iei	-iei	-ai	-jəi	-ei
齊개4	-ei			-e	-jə	

(1) 어운魚韻(開3을) -ïə

한자漢字	동음東音	한음漢音	오음吳音	사적 변천史的變遷	성모聲母
去	거	キョ	コ		渓 kʰ
巨	거	キョ	*ゴ		群 g → kʰ
御	어	ギョ	ゴ		疑 ŋ → ⁿg
虛	허	キョ	コ		曉 h
礎	초	*ショ	ソ		初 tʃʰ

어운魚韻(開3을) -ïə는 한국 한자음에서 -ɔ형으로, 일본 오음吳音에서 -o형으로, 한음漢音에서는 -jo형으로 출현한다. 한국 한자음과 일본 오음吳音은 후술하는 갑류와 구별하고 있지만, 한음漢音은 갑류와 통합된 상태를 반영한다. 또한 여기에 쓰인 한자들이 상대上代 일본어에서 オ단 을류로 쓰여 상대上代 일본어의 オ단 갑류 모음이 한국어의 ɔ에 해당함을 엿볼 수 있다.

(2) 어운魚韻(開3갑) -iə

한자漢字	동음東音	한음漢音	오음吳音	사적 변천史的變遷	성모聲母
余	여	ヨ			喩 'i
予	예	ヨ		여 → 예	喩 'i
著	저	チョ		뎌 → 져 → 저	知 t
旅	려	リョ			來 l
如	여	ジョ	ニョ		日 ɲ → ⁿȥ

　어운魚韻(開3갑) -iə는 한국 한자음에서 -jə형으로, 일본 오음吳音, 한음漢音 모두 -jo형으로 출현한다. 앞서 언급한 바와 같이 한국 한자음과 일본 오음吳音은 을류와 구별하고 있지만, 한음漢音은 을류와 통합된 상태를 반영한다. 이는 8-9세기의 진음秦音(당대唐代 장안음長安音) 이전까지 3등 을류 ï와 3등 갑류 i의 구별이 존재했지만, 한음漢音의 모태가 된 진음秦音에서 을류의 ï가 전설화前舌化하여 갑류 i에 통합되었기 때문이다. 이로 인해 한국 한자음과 오음吳音은 3등 갑을류를 구별하고 있지만, 한음漢音은 을류가 갑류와 같은 i 모음이 들어간 요음拗音으로 출현하는 것이다.

(3) 제운祭韻(開3갑) -iai · 제운齊韻(開4) -ei

한자漢字	동음東音	한음漢音	오음吳音	사적 변천史的變遷	성모聲母
例	례	レイ			來 l
励	려	レイ			來 l
勢	세	セイ		셰 → 세	審 ɕ
逝	서	セイ	*ゼイ	셔 → 서	禪 ȥ → ɕ
底	저	テイ		뎌 → 져 → 저	端 t

　제운祭韻(開3갑) -iai와 제운齊韻(開4) -ei는 한국 한자음에서 주로 -jəi형으로 출현하지만, 일부 -jə형이 혼재하고 있다. 일본 한자음은 오음吳音, 한음漢音 모두 주로 -ei형으로 출현한다. 이처럼 한국 한자음에서 -jəi형이 아닌 -jə형으로 출현하는 것은 -jəi형이 1음절로 성립하기 어려웠기 때문에 i 모음을 탈락시킨 결과로 보인다.

2. 한국 한자음 [엉/억], [영/역]

한국 한자음 [엉/억]은 중국 중고음中古音 경섭梗攝 3·4등 제운諸韻의 설舌·치음자齒音字, 개구 1등 등운登韻 -əïŋ/k의 일부, 개구 3등 증운蒸韻 을류의 일부에 해당하며, [영/역]은 치음자齒音字를 제외한 경섭梗攝 3·4등 제운諸韻과 개구 3등 증운蒸韻 갑류의 일부, 합구合口 3등 직운職韻에 해당한다. 그 중고음과 반영을 정리하면 다음과 같다.

운모韻母	중고음中古音		진음秦音	오음吳音	동음東音	한음漢音
	남북조음南北朝音	절운음切韻音				
庚개3	-ïaiŋ/k	-ïaiŋ/k	-ieiŋ/k	-jau/k	-jəŋ/k	-ei/ki
淸개3	-ïɐiŋ/k	-ïɐiŋ/k				
靑개4	-eiŋ/k	-ieiŋ/k				
庚합3	-uïaiŋ/k	-uïaiŋ/k				
淸합3	-uïɐiŋ/k	-uïɐiŋ/k				
靑합4	-ueiŋ/k	-uieiŋ/k				
職합3	-uïəïk	-uïəïk	-uiəig	-wijok	-jək	-wiki

(1) 경섭梗攝 3·4등 제운諸韻

한자漢字	동음東音	한음漢音	오음吳音	사적 변천史的變遷	성모聲母
京	경	ケイ	キョウ	キャウ → キョウ	見 k
英	영	エイ	*ヨウ		影 ʔ
令	령	レイ	*リョウ		來 l
貞	정	テイ	*チョウ	뎡 → 졍 → 정	知 ṭ
積	적	セキ	*シャク	젹 → 적	精 ts

경섭梗攝 3·4등 제운諸韻은 한국 한자음에서 -jəŋ/k형으로, 일본 오음吳音에서 -jau/ku형으로, 한음漢音에서 -ei/ki형으로 출현한다. 단지 한국 한자음에서 [ㄷ], [ㅌ]은 후접 i 모음으로 인해 구개음화口蓋音化하여 [ㅈ], [ㅊ]으로 변했으며, [ㅈ], [ㅊ], [ㅅ]을 포함하는 자字는 -jəŋ/k형에서 -əŋ/k형으로 단모음화單母音化한다.

(2) 등운登韻(開1) -əïŋ/k

한자漢字	동음東音	한음漢音	오음吳音	사적 변천史的變遷	성모聲母
肯	긍	コウ			見 k
等	등	トウ			端 t
德	덕	トク			端 t
層	층	ソウ	*ゾウ		從 ʣ → s
賊	적	*ソク	ゾク		從 ʣ → s

등운登韻(開1) -əïŋ/k은 한국 한자음에서 주로 -ïŋ/k형으로 출현하지만, 일부 -əŋ/k형이 출현한다. 일본 한자음은 오음吳音, 한음漢音 모두 주로 -ou/ku형으로 출현한다.

(3) 증운蒸韻(開3을) -ïəïŋ/k

한자漢字	동음東音	한음漢音	오음吳音	사적 변천史的變遷	성모聲母
極	극	キョク	ゴク		群 g → kʰ
應	응	*ヨウ	オウ		影 ʔ
億	억	*ヨク	オク		影 ʔ
憶	억	*ヨク	オク		影 ʔ
臆	억	*ヨク	オク		影 ʔ
抑	억	ヨク	*オク		影 ʔ

증운蒸韻(開3을) -ïəïŋ/k은 한국 한자음에서 주로 -ïŋ/k형으로 출현하지만, 일부 -əŋ/k형이 출현한다. 일본 오음吳音은 -ou/ku형으로, 한음漢音은 갑류와 같은 -jou/ku형으로 출현한다.

(4) 증운蒸韻(開3갑) -iəïŋ/k

한자漢字	동음東音	한음漢音	오음吳音	사적 변천史的變遷	성모聲母
翌	익	ヨク			喩 ’i
捗	척	チョク		척→척	知 ṭ
力	력	リョク	リキ		來 l
乘	승	*ショウ	ジョウ		神 dʑ→ɕ
食	식	ショク	ジキ		神 dʑ→ɕ
剩	잉	ジョウ	*ニョウ		日 ɲ→ⁿʑ

증운蒸韻(開3갑) -iəïŋ/k은 한국 한자음에서 주로 -iŋ/k형으로 출현하지만, 일부 -jəŋ/k형이 출현한다. 일본 한자음은 오음吳音, 한음漢音 모두 주로 -jou/ku형으로 출현한다.

3. 한국 한자음 [언/얼], [원/월], [연/열]

한국 한자음 [언/얼]은 중국 중고음中古音 개구 3등 원운元韻 -ïɐn/t과 개구 3등 선운仙韻 을류 -ian/t에, [원/월]은 합구 3등 원운元韻 -uɑn/t과 합구 3등 선운仙韻 을류 -uïan/t에, [연/열]은 개구 3등 선운仙韻 갑류 -ian/t, 합구 3등 선운仙韻 갑류 -uan/t, 개구 4등 선운先韻 -ian/t, 합구 4등 선운先韻 -uan/t에 해당한다. 그 중고음과 반영을 정리하면 다음과 같다.

| 운모韻母 | 중고음中古音 | | | 오음吳音 | 동음東音 | 한음漢音 |
	남북조음南北朝音	절운음切韻音	진음秦音			
元개3	-ïɐn/t	-ïɐn/t	-ien/t	-an/t -on/t	-ən/ㄹ	-en/t
仙개3을	-ian/t	-ian/t				
仙개3갑	-ian/t	-ien/t		-en/t	-jən/ㄹ	
先개4	-en/t					
元합3	-uïɐn/t	-uïɐn/t	-uien/t	-wan/t -won/t	-uən/ㄹ	-wen/t
仙합3을	-uïan/t	-uïan/t				
仙합3갑	-uian/t	-uien/t	-ien/t	-en/t	-jən/ㄹ	-en/t
先합4	-uen/t					

(1) 원운元韻(開3) -ïen/t

한자漢字	동음東音	한음漢音	오음吳音	사적 변천史的變遷	성모聲母
建	건	ケン	コン		見 k
健	건	ケン	*ゴン		群 g → k^h
鍵	건	ケン	*ゴン		群 g → k^h
言	언	ゲン	ゴン		疑 ŋ → ^{n}g
獻	헌	ケン	コン		曉 h

원운元韻(開3) -ïen/t은 한국 한자음에서는 -ən/l형으로, 오음吳音은 주로 -on/t형으로, 한음漢音은 -en/t형으로 출현한다.

(2) 선운仙韻(開3을) -ïan/t

한자漢字	동음東音	한음漢音	오음吳音	사적 변천史的變遷	성모聲母
件	건	ケン	*ゲン		群 g → k^h
傑	걸	ケツ	*ゲツ		群 g → k^h
変	변	ヘン			幫 p
別	별	*ヘツ	ベツ		並 b → p^h
勉	면	ベン	*メン		明 m → ^{m}b

선운仙韻(開3을) -ïan/t은 한국 한자음에서는 -ən/l형과 -jən/l형이 혼재하며, 일본 오음吳音과 한음漢音은 -en/t형으로 출현한다.

(3) 원운元韻(合3) -uɑn/t

한자漢字	동음東音	한음漢音	오음吳音	사적 변천史的變遷	성모聲母
勸	권	*ケン	カン	クヮン → カン	溪 k^h
月	월	ゲツ	ガツ	グェツ → ゲツ グヮツ → ガツ	疑 ŋ → ^{n}g
園	원	エン	*オン	ヱン → エン	于 ʔï → ʔi
遠	원	エン	オン	ヱン → エン ヲン → オン	于 ʔï → ʔi
越	월	エツ	*オツ	ヱツ → エツ	于 ʔï → ʔi

원운元韻(합3) -uɑn/t은 한국 한자음에서는 -uən/l형으로, 일본 한음漢音은 -wen/t형으로 출현하는데, 오음吳音은 -wan/t형과 -won/t형이 혼재한다.

(4) 선운仙韻(合3을) -uïan/t

한자漢字	동음東音	한음漢音	오음吳音	사적 변천史的變遷	성모聲母
卷	권	*ケン	カン	クワン → カン	見 k
拳	권	ケン	*カン	クェン → ケン	群 g → kʰ
権	권	ケン	ゴン	クェン → ケン	群 g → kʰ
圓	원	エン		ヨン → エン	于 'ø → 'i
栓	전	セン		전 → 전	山 ʃ → ɕ

선운仙韻(합3을) -uïan/t은 한국 한자음에서는 -uən/l형으로, 일본 한음漢音은 -wen/t형으로 출현하는데, 오음吳音은 -wan/t형과 -wen/t형이 혼재한다.

(5) 선운仙韻(開3갑) -ian/t

한자漢字	동음東音	한음漢音	오음吳音	사적 변천史的變遷	성모聲母
演	연	エン			喩 'i
哲	철	テツ		털 → 철 → 철	知 t
滅	멸	*ベツ	メツ		明 m → ᵐb
舌	설	*セツ	ゼツ	셜 → 설	神 dʑ → ɕ
熱	열	*ゼツ	ネツ		日 nʑ → ⁿʑ

선운仙韻(開3갑) -ian/t은 한국 한자음에서는 -jən/l형으로, 일본 오음吳音, 한음漢音 모두 -en/t형으로 출현한다. 단지 한국 한자음에서 치음자齒音字는 단모음화單母音化한다.

(6) 선운先韻(開4) -en/t

한자漢字	동음東音	한음漢音	오음吳音	사적 변천史的變遷	성모聲母
見	견	ケン			見 k
現	현	*ケン	ゲン		匣 ɦ → h
練	련	レン			來 l
蔑	멸	ベツ	*メツ		明 m → ᵐb
先	선	セン		션 → 선	心 s

선운先韻(開4) -en/t은 선운仙韻(開3갑)과 동일하게 한국 한자음에서는 -jən/l형으로, 일본 오음吳音, 한음漢音 모두 -en/t형으로 출현한다. 단지 한국 한자음에서 치음자齒音字는 단모음화單母音化한다.

(7) 선운仙韻(合3갑) -uian/t

한자漢字	동음東音	한음漢音	오음吳音	사적 변천史的變遷	성모聲母
縁	연	エン		ユン → エン	喩 'i
悦	열	エツ		ユン → エン	喩 'i
転	전	テン		뎐 → 젼 → 전	知 t
伝	전	*テン	デン	뎐 → 젼 → 전	澄 ḍ → tʰ
恋	련	レン			來 l

선운仙韻(合3갑) -uian/t은 한국 한자음에서는 개구운開口韻과 동일하게 -jən/l형으로, 일본 오음吳音, 한음漢音 모두 -wen/t형으로 출현한다. 단지 한국 한자음에서 치음자齒音字는 단모음화單母音化한다.

(8) 선운先韻(合4) -uen/t

한자漢字	동음東音	한음漢音	오음吳音	사적 변천史的變遷	성모聲母
決	결	ケツ		クェツ → ケツ	見 k
血	혈	ケツ		クェツ → ケツ	曉 h
県	현	ケン	*ゲン	クェン → ケン	匣 ɦ → h
玄	현	*ケン	ゲン	グェン → ゲン	匣 ɦ → h
穴	혈	ケツ	*ゲツ	クェツ → ケツ	匣 ɦ → h

선운先韻(合4) -uen/t은 선운仙韻(合3갑)과 같이 한국 한자음에서는 개구운開口韻과 동일하게 -jən/l형으로, 일본 오음吳音, 한음漢音 모두 -wen/t형으로 출현한다. 단지 한국 한자음에서 치음자齒音字는 단모음화單母音化한다. 또한 한국 한자음의 선운仙韻(合3갑)과 선운先韻(合4)에서 합구성合口性이 반영되지 않은 것은 합구성合口性 u과 개구성開口性 i를 동시에 포함하고 주모음主母音까지를 1음절音節로 나타내기 어렵기 때문에 합구성合口性을 배제한 것으로 보인다.

4. 한국 한자음 [엄/업], [염/엽]

한국 한자음 [엄/업]은 중국 중고음中古音 개구 3등의 엄운嚴韻 -ïɐm/p, 범운凡韻 -ïɐm/p, 염운鹽韻 을류 -ïam/p에, [염/엽]은 3등의 염운鹽韻 갑류 -iam/p, 4등의 첨운添韻 -em/p에 해당한다. 그 중고음과 반영을 정리하면 다음과 같다.

운모韻母	중고음中古音			오음吳音	동음東音	한음漢音
	남북조음南北朝音	절운음切韻音	진음秦音			
嚴개3	-ïɐm/p	-ïɐm/p	-iem/p	-om/ɸ	-əm/p	-em/ɸ
凡개합3	Pïɐm/p	Pïɐm/p	Fɑm/p			ɸam/ɸ
鹽개3을	-ïam/p	-ïam/p	-iem/p	-em/ɸ	-jəm/p	-em/ɸ
鹽개3갑	-iam/p					
添개4	-em/p					

(1) 엄운嚴韻(開)3 -ïɐm/p

한자漢字	동음東音	한음漢音	오음吳音	사적 변천史的變遷	성모聲母
劍	검	ケン	*コン	ケム → ケン	見 k
嚴	엄	ゲン	ゴン	ゲム → ゲン ゴム → ゴン	疑 ŋ → ⁿg
業	업	ギョウ	ゴウ	ゲフ → ゲウ → ギョウ ゴフ → ゴウ	疑 ŋ → ⁿg
險	험	ケン	*コン	ケム → ケン	曉 h
脅	협	キョウ	*コウ	ケフ → ケウ → キョウ	曉 h

엄운嚴韻(開)3 -ïɐm/p은 한국 한자음에서 주로 -əm/p형으로, 오음吳音은 -om/ɸ형으로, 한음漢音은 -em/ɸ형으로 출현한다.

(2) 범운凡韻 -ïɐm/p

한자漢字	동음東音	한음漢音	오음吳音	사적 변천史的變遷	성모聲母
法	법	ホウ		ホフ → ホウ・ホッ ハフ → ハウ → ホウ・ハッ	非 f
		ハッ	ホッ		
氾	범	ハン	*ホン	ハム → ハン	敷 fʰ
凡	범	ハン	ボン	ハム → ハン ボム → ボン	奉 v → fʰ
犯	범	ハン	*ボン	ハム → ハン	奉 v → fʰ
範	범	ハン	*ボン	ハム → ハン	奉 v → fʰ

범운凡韻 -ïɐm/p은 순음자脣音字뿐으로, 한국 한자음에서 -əm/p형으로, 오음吳音은 -om/ɸ형으로, 한음漢音은 -am/ɸ형으로 출현한다.

(3) 염운鹽韻(開3을) -ïam/p

한자漢字	동음東音	한음漢音	오음吳音	사적 변천史的變遷	성모聲母
檢	검	ケン		ケム → ケン	見 k
儉	검	ケン	*ゲン	ケム → ケン	群 g → k^h
驗	험		ゲン	ケン(慣)	疑 ŋ → ^{n}g
炎	염		エン	エム → エン	于 'ø → 'i

염운鹽韻(開3을) -ïam/p은 한국 한자음에서 -əm/p형으로, 오음吳音과 한음漢音은 -em/ɸ형으로 출현한다. 한국 한자음은 후술하듯이 갑류의 -jəm/p형과 구별하고 있다.

(4) 염운鹽韻(開3갑) -iam/p

한자漢字	동음東音	한음漢音	오음吳音	사적 변천史的變遷	성모聲母
塩	염		エン	エム → エン	喩 'i
葉	엽		ヨウ	エフ → エウ → ヨウ	喩 'i
接	접		セツ	접 → 접 セフ → セツ	精 ts
漸	점	*セン	ゼン	졈 → 점 ゼム → ゼン	從 dz → s
染	염	*ゼン	*ネン	セン(慣)	日 ȵ → ^{n}ʑ

염운鹽韻(開3갑) -iam/p은 한국 한자음에서 -jəm/p형으로, 오음吳音과 한음漢音은 -em/ɸ형으로 출현한다. 한국 한자음은 전술한 바와 같이 을류의 -əm/p형과 구별하고 있다.

(5) 첨운添韻(開4) -em/p

한자漢字	동음東音	한음漢音	오음吳音	사적 변천史的變遷	성모聲母
謙	겸	ケン		ケム → ケン	溪 k^h
協	협	キョウ	*ギョウ	ケフ → ケウ → キョウ	匣 ɦ → h
店	점	テン		뎜 → 졈 → 점 テム → テン	端 t
疊	첩	*チョウ	ジョウ	텹 → 쳡 → 첩 デフ → デウ → ヂョウ → ジョウ	定 d → t^h
念	념	*デン	ネン	ネム → ネン	泥 n → ^{n}d

첨운添韻(開4) -em/p은 염운鹽韻(開3갑)과 같이 한국 한자음에서 -jəm/p형으로, 오음吳音과 한음漢音은 -em/ɸ형으로 출현한다.

📋 요점 정리

- 한국 한자음에서 3등 을류 운韻은 주로 주모음主母音을 ə로 반영하였으며, 3등 갑류 운韻은 주로 jə로 반영하였다.

- 한국 한자음에서 3등 을류 운韻은 직음直音으로 3등 갑류 운韻은 요음拗音으로 반영하여 갑을류를 구별하고 있는데, 진음秦音을 모태로 하고 있는 한음漢音은 3등 을류 운韻이 3등 갑류 운韻과 같은 요음拗音으로 반영되었다. 이는 한국 한자음의 주 층이 한음漢音의 모태가 된 8-9세기의 진음秦音 이전에 성립되었음을 의미한다.

- 한국 한자음의 선운仙韻(합3갑)과 선운先韻(합4)에서 합구성合口性이 반영되지 않은 것은 합구성合口性 u와 개구성開口性 i를 동시에 포함하고 주모음主母音까지를 1음절音節로 나타내기 어렵기 때문에 합구성合口性을 배제한 것으로 보인다.
  예) 위연 → 연

- 한국 한자음 [어]는 주로 일본 오음吳音 オ에 대응한다.

✏️ 연습 문제

다음 (   ) 안에 알맞은 단어를 넣으시오.

1. 한국 한자음에서 3등 (   ) 운韻은 주로 주모음主母音을 ə로 반영하였으며, 3등 갑류 운韻은 주로 jə로 반영하였다.

2. 3등 을류 운韻이 3등 갑류 운韻과 같은 요음拗音으로 반영된 것은 오음吳音과 한음漢音 중 (   )이다.

3. [去, 巨] 등의 한자漢字는 상대上代 일본어에서 オ단 을류로 쓰여 상대上代 일본어의 オ단 갑류 모음이 한국어의 (   )에 해당함을 엿볼 수 있다.

읽기 연습

다음 (　) 안에 알맞은 발음을 カタカナ로 써 넣으시오.

1. 過去　（　　　　）
2. 去年　（　　　　）
3. 虚脱　（　　　　）
4. 著書　（　　　　）
5. 如来　（　　　　）
6. 例文　（　　　　）
7. 勢力　（　　　　）
8. 命令　（　　　　）
9. 京都　（　　　　）
10. 京阪　（　　　　）
11. 抑圧　（　　　　）
12. 乗車　（　　　　）
13. 過剰　（　　　　）
14. 言語　（　　　　）
15. 勉強　（　　　　）
16. 勧誘　（　　　　）
17. 犯罪　（　　　　）
18. 業界　（　　　　）
19. 汚染　（　　　　）
20. 念仏　（　　　　）

제10강
[오] 계열의 대응

복습

- 3등 을류 운 [어], 갑류 운 [여]
- 3등 을류 운과 갑류 운의 구별 및 합류
- 한국 한자음 [어]와 일본 오음吳音 オ의 대응

학습 목표

1. [오] 계열의 대응을 이해한다.
2. 1등 중운重韻을 이해한다.
3. 2등 중운重韻을 이해한다.
4. 3등 갑을류를 이해한다.
5. 한국 한자음의 1음절 수용을 이해한다.

1. 한국 한자음 [오], [요]

한국 한자음 [오]는 중국 중고음中古音 개구 1등의 모운模韻 -ʌu, 호운豪韻 -ɑu에 해당하며, [요]는 개구 2등 효운肴韻 -au, 개구 3등 소운宵韻 을류 -ïau, 개구 3등 소운宵韻 갑류 -iau, 개구 4등 소운蕭韻 -eu에 해당한다. 그 중고음과 반영을 정리하면 다음과 같다.

운모韻母	중고음中古音			오음吳音	동음東音	한음漢音
	남북조음南北朝音	절운음切韻音	진음秦音			
模개1	-ʌu	-o	-o	-u·-o	-o	-o
豪개1	-ɑu	-ɑu	-ɑu	-au	-o	-au
肴개2	-au	-au				
宵개3을	-ïau			-eu	-jo	-eu
宵개3갑	-iau	-ieu	-ieu			
蕭개4	-eu					

(1) 모운模韻(開1) -ʌu

한자漢字	동음東音	한음漢音	오음吳音	사적 변천史的變遷	성모聲母
古	고	コ			見 k
苦	고	*コ	ク		溪 kʰ
五	오		ゴ		疑 ŋ → ⁿg
模	모	ボ	モ		明 m → ᵐb
都	도	ト	ツ		端 t

모운模韻(開1) -ʌu는 한국 한자음에서 -o형으로, 한음漢音도 -o형으로 출현하는데, 오음吳音은 -o형과 -u형이 혼재한다.

(2) 호운豪韻(開1) -ɑu

한자漢字	동음東音	한음漢音	오음吳音	사적 변천史的變遷	성모聲母
高	고	コウ		カウ → コウ	見 k
好	호	コウ		カウ → コウ	曉 h
道	도	トウ	ドウ	タウ → トウ ダウ → ドウ	定 d → t^h
老	로	ロウ		ラウ → ロウ	來 l
草	초	ソウ		サウ → ソウ	淸 ts^h

　호운豪韻(開1) -ɑu는 한국 한자음에서 -o형으로, 일본 오음吳音, 한음漢音은 모두 -au → -ou형으로 출현한다. 한국 한자음은 [아우]로 수용하면 2음절音節이 되어 버리기 때문에 수용 당시부터 1음절화音節化하여 -o로 수용한 것으로 판단된다. 한편 高[カウ] 등을 통해 알 수 있듯이 일본 한자음은 기본적으로 2박拍 이하로 수용하려고 했음을 알 수 있다.

(3) 효운肴韻(開2) -au

한자漢字	동음東音	한음漢音	오음吳音	사적 변천史的變遷	성모聲母
校	교	コウ	*キョウ	カウ → コウ	見 k
教	교	*コウ	キョウ	ケウ → キョウ	見 k
孝	효	コウ	*キョウ	カウ → コウ	曉 h
包	포	ホウ		ハウ → ホウ	幫 p
貌	모	ボウ	*モウ	バウ → ボウ	明 m → ^mb

　효운肴韻(開2) -au는 한국 한자음에서 -jo형으로, 일본 오음吳音은 -eu → -jou형으로, 한음漢音은 -au → -ou형으로 출현한다. 한국 한자음에서 -jo형으로 출현한 것은 일본 오음吳音과 같이 주모음主母音의 전설성前舌性을 반영한 결과라고 할 수 있으며, 일본 한음漢音은 주모음主母音의 전설성前舌性이 없어진 진음秦音의 상태를 반영하여 -au형으로 반영된 것이라고 판단된다.

(4) 소운宵韻(開3을) -ïau

한자漢字	동음東音	한음漢音	오음吳音	사적 변천史的變遷	성모聲母
矯	교	キョウ		ケウ → キョウ	見 k
橋	교	キョウ	*ギョウ	ケウ → キョウ	群 g → k^h
妖	요	ヨウ		エウ → ヨウ	影 ʔ
表	표	ヒョウ		ヘウ → ヒョウ	幫 p
描	묘	ビョウ	*ミョウ	ベウ → ビョウ	明 m → ^{m}b

　소운宵韻(開3을) -ïau는 한국 한자음에서 -jo형으로, 일본 오음吳音과 한음漢音도 -eu → -jou형으로 출현한다. 3등 을류 운韻임에도 불구하고 한국 한자음과 일본 오음吳音이 요음拗音으로 반영된 것은 앞서 효운肴韻(開2)과 같이 주모음主母音의 전설성前舌性을 반영한 결과라고 할 수 있으며, 일본 한음漢音은 3등 을류의 갑류에의 합병을 반영한 결과라고 할 수 있다.

(5) 소운宵韻(開3갑) -iau

한자漢字	동음東音	한음漢音	오음吳音	사적 변천史的變遷	성모聲母
要	요	ヨウ		エウ → ヨウ	影 ʔ
標	표	ヒョウ		ヘウ → ヒョウ	幫 p
秒	초	ビョウ	*ミョウ	ベウ → ビョウ	明 m → ^{m}b
妙	묘	*ビョウ	ミョウ	メウ → ミョウ	明 m → ^{m}b
照	조	ショウ		죠 → 조 セウ → ショウ	照 tɕ

　소운宵韻(開3갑) -iau는 한국 한자음에서 -jo형으로, 일본 오음吳音과 한음漢音도 -eu → -jou형으로 출현한다. 한국 한자음에서 3등 을류와 갑류가 같은 요음拗音으로 출현하는 것은 이 소운宵韻뿐이다.

(6) 소운蕭韻(開4) -eu

한자漢字	동음東音	한음漢音	오음吳音	사적 변천史的變遷	성모聲母
曉	효	*キョウ		ギョウ(慣)	曉 h
鳥	조	チョウ		됴→죠→조 テウ→チョウ	端 t
調	조	チョウ	*ジョウ	됴→죠→조 テウ→チョウ	定 d→t^h
尿	뇨	*ジョウ	ニョウ	네우→ニョウ	泥 n→^{n}d
料	료	リョウ		レウ→リョウ	來 l

소운蕭韻(開4) -eu는 소운宵韻과 마찬가지로 한국 한자음에서 -jo형으로, 일본 오음吳音과 한음漢音도 -eu → -jou형으로 출현한다. 단지 소운宵韻과 소운蕭韻에서 한국 한자음의 설치음자舌齒音字는 단모음화單母音化한다.

2. 한국 한자음 [옹/옥], [용/욕]

한국 한자음 [옹/옥]은 중국 중고음中古音의 개구 1등의 동운東韻 -ʌuŋ/k과 동운冬韻 -auŋ/k, 합구 3등 종운鍾韻 을류 -üïɑuŋ/k에 해당하며, [용/욕]은 합구 3등 종운鍾韻 갑류 -uiɑuŋ/k에 해당한다. 그 중고음과 반영을 정리하면 다음과 같다.

운모韻母	중고음中古音			오음吳音	동음東音	한음漢音
	남북조음 南北朝音	절운음 切韻音	진음 秦音			
東개1	-ʌuŋ/k	-ʌuŋ/k	-ouŋ/k	-uu -ou/k	-oŋ/k	-ou/k
冬개1	-ɑuŋ/k	-ɑuŋ/k		-ou/k		
鍾합3을	-üïɑuŋ/k	-üioŋ/k	-uioŋ/k	-(u)u/-oku	-oŋ/k	-wjou/k
鍾합3갑	-uiɑuŋ/k	-uioŋ/k	-uioŋ/k	-iu/-ok, -jok	-joŋ/k	-jou/k

(1) 동운東韻(開1) -ʌuŋ/k

한자漢字	동음東音	한음漢音	오음吳音	사적 변천史的變遷	성모聲母
工	공	コウ	ク		見 k
谷	곡	コク			見 k
木	목	ボク	モク		明 m → ᵐb
痛	통	*トウ	ツウ		透 tʰ
同	동	*トウ	ドウ		定 d → tʰ

　동운東韻(開1) -ʌuŋ/k은 한국 한자음에서 -oŋ/k형으로, 일본 한음에서 -ou/k형으로 출현한다. 그런데, 오음吳音에서는 -ou/k형 이외에 -uu형, -u형이 혼재한다. 먼저 한음漢音의 -ou형을 통해 -ou는 [oŋ]으로 발음하려 했다는 것을 알 수 있는데, 따라서 오음吳音의 -uu형과 -u형도 [uŋ]으로 발음하려 했다는 것을 알 수 있다.

(2) 동운冬韻(開1) -ɑuŋ/k

한자漢字	동음東音	한음漢音	오음吳音	사적 변천史的變遷	성모聲母
酷	혹	コク			溪 kʰ
冬	동	トウ			端 t
毒	독	*トク	ドク		定 d → tʰ
農	농	*ドウ	ノウ		泥 n → ⁿd
踪	종	ソウ			精 ts

　동운冬韻(開1) -ɑuŋ/k은 한국 한자음에서 -oŋ/k형으로, 일본 오음吳音, 한음漢音 모두 -ou/k형으로 출현한다.

(3) 종운鍾韻(합3을) -uïɑuŋ/k

한자漢字	동음東音	한음漢音	오음吳音	사적 변천史的變遷	성모聲母
共	공	キョウ	*ク	クヰョウ → キョウ	見 k
恐	공	キョウ	*ク	クヰョウ → キョウ	溪 k^h
玉	옥	ギョク	*ゴク	グヰョク → ギョク	疑 ŋ → ^{n}g
封	봉	ホウ	フウ		非 f
奉	봉	ホウ	ブ		奉 v → f^h

    종운鍾韻(합3을) -uïɑuŋ/k은 한국 한자음에서 -oŋ/k형으로, 일본 오음吳音은 -(u)u/-oku형, 한음漢音은 -wjou/k형(단지 순음자脣音字는 -ou/k형)으로 출현한다. 한음漢音의 [クヰョウ]와 비교해 보면 오음吳音과 한국 한자음에서 모음을 간략화한 것을 알 수 있다. 특히 한국 한자음은 원칙적으로 모든 한자음을 1음절로 수용하려고 하는 경향이 있음을 엿볼 수 있다.

(4) 종운鍾韻(합3갑) -uïɑuŋ/k

한자漢字	동음東音	한음漢音	오음吳音	사적 변천史的變遷	성모聲母
勇	용	*ヨウ	ユウ	イウ → ユウ	喩 'i
欲	욕	ヨク			喩 'i
竜	룡	*リョウ	リュウ	リウ → リュウ	來 l
緑	록	リョク	ロク		來 l
足	족	*ショク	ソク	족 → 족	精 ts

    종운鍾韻(합3갑) -uïɑuŋ/k은 한국 한자음에서 -joŋ/k형으로, 일본 오음吳音은 -iu/-ok·-jok형, 한음漢音은 -jou/k형으로 출현한다.

3. 한국 한자음 [온/올]

한국 한자음 [온/올]은 중국 중고음中古音 합구 1등 혼운魂韻 -uəin/t에 해당한다. 그 중고음과 반영을 정리하면 다음과 같다.

운모韻母	중고음中古音			오음吳音	동음東音	한음漢音
	남북조음 南北朝音	절운음 切韻音	진음 秦音			
魂합1	-uəin/t	-uəin/t	-uəin/t	-on/t	-on/l -un/l	-on/t

(1) 혼운魂韻 -uəin/t

한자漢字	동음東音	한음漢音	오음吳音	사적 변천史的變遷	성모聲母
骨	골	コツ			見 k
論	론	ロン			來 l
本	본	ホン			幫 p
門	문	*ボン	モン		明 m → ᵐb
存	존	ソン	ゾン		從 dz → s

혼운魂韻 -uəin/t은 한국 한자음에서 -on/l형으로, 일본 오음吳音, 한음漢音 모두 -on/t형으로 출현한다.

요점 정리

- 한국 한자음의 -o는 1등 운의 -ɑu와 -ʌu를 1음절音節로 반영한 것이다.
- 한국 한자음의 -jo는 2등 운의 -au, 3등 을류의 -ïau, 3등 갑류의 -iau, 4등의 -eu를 1음절音節로 반영한 것이다.
- 개구 1등 동운東韻의 한음漢音 -ou형은 [oŋ]으로, 오음吳音 -uu형과 -u형은 [uŋ]으로 발음하려 했던 것이다.

연습 문제

다음 (   ) 안에 알맞은 단어를 넣으시오.

1. 한국 한자음은 중고음을 (   )음절音節로 수용하는 것을 원칙으로 하고 있다.

2. 일본 한자음은 중고음을 (   )박拍 이하로 수용하는 것을 원칙으로 하고 있다.

3.

한자漢字	동음東音	한음漢音	오음吳音	사적 변천史的變遷	성모聲母
表	표	ヒョウ	( ) → ヒョウ	幫 p

읽기 연습

다음 ( ) 안에 알맞은 발음을 カタカナ로 써 넣으시오.

1. 古事記 (   )   11. 恐怖 (   )

2. 好物 (   )   12. 奉仕 (   )

3. 孝行 (   )   13. 欲望 (   )

4. 描写 (   )   14. 調整 (   )

5. 奇妙 (   )   15. 大工 (   )

6. 一秒 (   )   16. 共有 (   )

7. 料金 (   )   17. 勇気 (   )

8. 土木 (   )   18. 不足 (   )

9. 頭痛 (   )   19. 骨折 (   )

10. 酷暑 (   )   20. 論理 (   )

제11강

右[우]와 有[유]는 원래 같은 음音?

- [우] 계열의 대응 -

복습

- -ɑu, -ʌu 1음절音節 반영 → [오]
- -au, -ïau, -iau, -eu 1음절音節 반영 → [요]
- 工[コウ・ク] → [コウ koŋ]・[ク kuŋ]

학습 목표

1. [우] 계열의 대응을 이해한다.
2. 3등 갑을류를 통해 모태음의 차이를 구별한다.
3. 한국 한자음의 1음절音節 수용을 이해한다.

1. 한국 한자음 [우], [유]

한국 한자음 [우]는 중국 중고음中古音의 개구 1등 후운侯韻 -əu, 개구 3등 우운尤韻 을류 -ïəu, 개구 3등 우운虞韻 을류 -ïu, [유]는 개구 3등 우운尤韻 갑류 -ɳəu, 개구 3등 유운幽韻 -ieu, 개구 3등 우운虞韻 갑류 -iu, 합구 3등 지운支韻 -uiʌi, 합구 3등 지운脂韻 -uiəi에 해당한다. 그 중고음과 반영을 정리하면 다음과 같다.

운모韻母	중고음中古音			오음吳音	동음東音	한음漢音
	남북조음 南北朝音	절운음 切韻音	진음 秦音			
侯개1	-əu	-ou	-ou	-u	-u	-ou
尤개3을	-ïəu	-ïəu		-u	-u	
尤개3갑	-ɳəu	-iəu	-iu	-iu		-iu
幽개3	-ieu	-ieu		-eu	-ju	
虞개3을		-ïu	-ïu	-u	-u	-u
虞개3갑		-iu	-iu	-iu	-ju	-iu
支합3갑	-uiʌi	-uii	-uii	-ui	-ju	-ui
脂합3갑	-uiəi			-wi		-wi

(1) 후운侯韻(開1) -əu

한자漢字	동음東音	한음漢音	오음吳音	사적 변천史的變遷	성모聲母
口	구	コウ	ク		溪 k^h
後	후	コウ	ゴ		匣 $ɦ → h$
部	부	*ホウ	ブ		並 $b → p^h$
豆	두	トウ	ズ	ヅ → ズ	定 $d → t^h$
頭	두	トウ	ズ	ヅ → ズ	定 $d → t^h$

후운侯韻(開1) -əu는 한국 한자음과 오음吳音은 대부분 -u형으로 출현하는데, 한음漢音은 주로 -ou형으로 출현한다. 한국 한자음과 오음吳音은 ə와 u 모두 고위 모음高位母音이므로 이를 1음절音節의 u로 수용한 것으로 판단된다.

(2) 우운尤韻(開3을) -ïəu

한자漢字	동음東音	한음漢音	오음吳音	사적 변천史的變遷	성모聲母
九	구	キュウ	ク	キウ → キュウ	見 k
朽	후	キュウ	*ク	キウ → キュウ	曉 h
休	휴	キュウ	*ク	キウ → キュウ	曉 h
友	우	ユウ	*ウ	イウ → ユウ	于 'ø → 'i
有	유	ユウ	ウ	イウ → ユウ	于 'ø → 'i

우운尤韻(開3을) -ïəu는 한국 한자음과 오음吳音은 주로 -u형으로 나타나는데, 한음漢音에서는 후술하는 갑류와 동형인 -iu형으로 출현한다. 이는 한음漢音의 모태가 된 8-9세기의 진음秦音(당대唐代 장안음長安音)에서 3등 을류가 전설화前舌化로 갑류에 합병되었기 때문이다. 따라서 한국 한자음의 九[구], 朽[후], 右[우]는 8세기 이전에, 休[휴], 有[유]는 8-9세기에 유입된 자음字音이라고 볼 수 있다.

(3) 우운尤韻(開3갑) -iəu

한자漢字	동음東音	한음漢音	오음吳音	사적 변천史的變遷	성모聲母
遊	유	ユウ	ユ	イウ → ユウ	喩 'i
昼	주	チュウ		듀 → 쥬 → 주 チウ → チュウ	知 ṭ
留	류	リュウ	ル	リウ → リュウ	來 l
酒	주	シュ		쥬 → 주	精 ts
州	주	シュウ	ス	쥬 → 주 シウ → シュウ	照 tɕ

우운尤韻(開3갑) -iəu는 한국 한자음은 대부분 -ju형으로 출현하는데, 일본 오음吳音, 한음漢音은 2박拍 직음直音의 -iu형 → -juu형과 1박拍 요음拗音의 -ju형이 혼재하며, 오음吳音을 중심으로 1박拍 직음直音의 -u형도 출현한다. 우운尤韻에서 한국 한자음과 오음吳音은 3등 갑을류를 구별하고 있지만, 한음漢音은 을류가 갑류에 통합된 양상을 보인다.

(4) 유운幽韻(開3) -ieu

한자漢字	동음東音	한음漢音	오음吳音	사적 변천史的變遷	성모聲母
糾	규	キュウ	*キョウ	キウ → キュウ	見 k
幽	유	ユウ	*ヨウ	イウ → ユウ	影 ʔ
幼	유	*ユウ	ヨウ	エウ → ヨウ	影 ʔ

　유운幽韻(開3) -ieu는 한국 한자음은 우운尤韻(開3갑)과 같은 -ju형으로, 일본 오음吳音은 -eu → -jou형으로, 한음漢音은 -iu → juu형으로 출현한다.

(5) 우운虞韻(開3을) -ïu

한자漢字	동음東音	한음漢音	오음吳音	사적 변천史的變遷	성모聲母
区	구	ク			溪 kʰ
宇	우	ウ			于 ʔø → ʔi
雨	우	ウ			于 ʔø → ʔi
父	부	フ			非 f
武	무	ブ	ム		微 ɱ → ᵐv

　우운虞韻(開3을) -ïu는 한국 한자음, 오음吳音, 한음漢音 모두 -u형으로 출현한다. 한음漢音에서 3등 갑을류를 구별하고 있는 것은 이 우운虞韻뿐이다.

(6) 우운虞韻(開3갑) -iu

한자漢字	동음東音	한음漢音	오음吳音	사적 변천史的變遷	성모聲母
裕	유	ユウ		イウ → ユウ	喩 ʔi
駐	주	チュウ		ヂュ → ヂュ チウ → チュウ	知 t
趣	취	シュ		シュ → ス → 취	清 tsʰ
殊	수	シュ	*ジュ	ジュ → 수	禪 z → ɕ
乳	유	*ジュ	ニュウ	ニウ → ニュウ	日 ɲ → ⁿʑ

우운虞韻(開3갑) -iu는 한국 한자음은 -ju형으로, 일본 한자음은 대부분 2박拍 직음直音의 -iu → -juu형으로 출현하지만, 1박拍 요음拗音의 -ju형도 혼재한다.

(7) 지운支韻(合3) -uiʌi

한자漢字	동음東音	한음漢音	오음吳音	사적 변천史的變遷	성모聲母
規	규	キ		クヰ → キ	見 k
錘	추	*ツイ	*ズイ	スイ(慣) 튜 → 츄 → 추	澄 ḍ → tʰ
累	루	ルイ			來 l
隨	수	*スイ	ズイ	슈 → 수	邪 z → s
垂	수	スイ	*ズイ	슈 → 수	禪 z → ɕ

지운支韻(合3) -uiʌi는 한국 한자음은 주로 -ju형으로, 일본 오음吳音, 한음漢音은 대부분 -ui형으로 출현한다. 한국 한자음의 -ju형은 중고음 및 일본 한자음과 비교해 볼 때 모음 i가 탈락된 형태를 취하고 있는데, 이 역시 1음절音節로 수용하기 위해 i를 탈락시킨 것으로 보인다.

(8) 지운脂韻(合3) -uiəi

한자漢字	동음東音	한음漢音	오음吳音	사적 변천史的變遷	성모聲母
遺	유	イ	ユイ	ヰ → イ	喩 ʼi
類	류	ルイ			來 l
推	추	スイ		츄 → 추	穿 tɕʰ
水	수	スイ		슈 → 수	審 ɕ
遂	수	スイ	*ズイ	슈 → 수	邪 z → s

지운脂韻(合3) -uiəi도 지운支韻과 같이 한국 한자음은 주로 -ju형으로, 일본 오음吳音, 한음漢音은 대부분 -ui형으로 출현한다. 한국 한자음의 -ju형은 1음절音節로 수용하기 위해 i를 탈락시킨 형태로 보인다.

2. 한국 한자음 [웅/욱], [융/육]

한국 한자음 [웅/욱]은 중국 중고음中古音의 개구 3등의 동운東韻 을류 -ïʌuŋ/k에 해당하며, [융/육]은 개구 3등 동운東韻 갑류 -ïʌuŋ/k에 해당한다. 그 중고음과 반영을 정리하면 다음과 같다.

운모韻母	중고음中古音			오음吳音	동음東音	한음漢音
	남북조음 南北朝音	절운음 切韻音	진음 秦音			
東개3을	-ïʌuŋ/k	-ïuŋ/k	-iuŋ/k	-uu/k	-uŋ/k	-iu/k
東개3갑	-ïʌuŋ/k	-ïuŋ/k		-iu/k	-juŋ/k	-iu/k

(1) 동운東韻(開3을) -ïʌuŋ/k

한자漢字	동음東音	한음漢音	오음吳音	사적 변천史的變遷	성모聲母
弓	궁	キュウ	*クウ	キウ → キュウ	見 k
宮	궁	キュウ	ク	グウ(慣) キウ → キュウ	見 k
風	풍	*ホウ	フウ フ		非 f
福	복	フク			非 f
目	목	ボク	モク		明 m → ᵐb

동운東韻(開3을) -ïʌuŋ/k은 한국 한자음은 -uŋ/k형으로, 오음吳音은 주로 -(u)u/-oku형으로, 한음漢音은 -iu/k형(순음자脣音字는 -ou/ku형)으로 출현한다. 한국 한자음과 오음吳音은 후술하는 동운東韻 갑류와 구별하고 있지만, 한음漢音은 갑류에 합병된 양상을 반영한다.

(2) 동운東韻(開3갑) -iʌuŋ/k

한자漢字	동음東音	한음漢音	오음吳音	사적 변천史的變遷	성모聲母
融	융		ユウ	イウ→ユウ	喩 'i
育	육		イク		喩 'i
竹	죽		チク	듁→쥭→죽	知 ṭ
六	륙	*リク	ロク		來 l
塾	숙	*シュク	ジュク	슉→숙 ジク→ジュク	禪 ʑ→ç

동운東韻(開3갑) -iʌuŋ/k은 한국 한자음은 -juŋ/k형으로, 일본 오음吳音, 한음漢音은 -iu/ku → -juu형으로 출현한다. 일본 한자음에서 竹[チク]는 그대로이지만, 塾[ジク]는 [ジュク]로 장음화長音化했다. 이처럼 -iku형에서 サ・ザ행음만 -juk형으로 장음화長音化했다.

6. 한국 한자음 [운/울], [윤/율]

한국 한자음 [운/울]은 중국 중고음中古音 합구 1등 혼운魂韻 -uəïn/t의 일부, 합구 3등 문운文韻 -üiəïn/t, 순운諄韻 을류 -üiëïn/t에 해당한다. [윤/율]은 합구 3등 순운諄韻 갑류 -uieïn/t에 해당한다. 그 중고음과 반영을 정리하면 다음과 같다.

운모韻母	중고음中古音			오음吳音	동음東音	한음漢音
	남북조음 南北朝音	절운음 切韻音	진음 秦音			
魂합1	-uəïn/t	-uəïn/t	-uəin/t	-on/t -un/l	-on/t -un/l	-on/t
文합3	-üiəïn/t	-üiïn/t	-uiin/t	-un/t	-un/l	-un/t -win/t
諄합3을	-üiëïn/t					
諄합3갑	-uieïn/t	-uiin/t	-iin/t	-jun/t	-jun/l	-win/t -jun/t

(1) 혼운魂韻(合1) -uəin/t

한자漢字	동음東音	한음漢音	오음吳音	사적 변천史的變遷	성모聲母
窟	굴	*コツ	クツ		溪 k^h
屯	둔	トン	*ドン		定 $d \to t^h$
噴	분	フン	*ホン		滂 p^h
盆	분	*ホン	ボン		並 $b \to p^h$
門	문	*ボン	モン		明 $m \to {}^m b$

혼운魂韻(合1) -uəin/t은 한국 한자음에서 주로 -on/l형으로, 일본 오음吳音, 한음漢音 모두 -on/t형으로 출현하지만, 한국 한자음에서 -un/l형이 혼재한다.

(2) 문운文韻(合3) -uïəin/t

한자漢字	동음東音	한음漢音	오음吳音	사적 변천史的變遷	성모聲母
君	군	クン			見 k
訓	훈	クン			曉 h
紛	분	フン			敷 f^h
文	문	ブン	モン		微 $\eta \to {}^m v$
物	물	ブツ	モツ		微 $\eta \to {}^m v$

문운文韻(合3) -uïəin/t은 한국 한자음에서 주로 -un/l형으로, 일본 오음吳音, 한음漢音 모두 주로 -un/t형으로 출현하지만, 오음吳音에서 -on/t형이 혼재한다.

(3) 순운諄韻(合3을) -uïeïn/t

한자漢字	동음東音	한음漢音	오음吳音	사적 변천史的變遷	성모聲母
率	솔		ソツ		山 $\int \to \varsigma$

순운諄韻(合3을) -uïeïn/t은 率 1례뿐이다.

(4) 순운諄韻(合3갑) -uieïn/t

한자漢字	동음東音	한음漢音	오음吳音	사적 변천史的變遷	성모聲母
倫	륜	リン			來 l
律	률	リツ			來 l
春	춘	シュン		츈 → 춘	穿 tɕʰ
出	출	シュツ		츌 → 출	穿 tɕʰ
脣	순	シン	*ジュン	슌 → 순	神 dʑ → ɕ

 순운諄韻(合3갑) -uieïn/t은 한국 한자음은 -jun/l형으로 출현하며, 일본 오음吳音, 한음漢音은 -jun/t형 이외에 -in/t형이 혼재한다. -in/t형은 요음拗音이 정착되기 이전의 표기로 보인다.

7. 한국 한자음 [움]

 한국 한자음에서 [움]으로 수용된 한자음은 없다. 단지 다음과 같이 순음脣音에서 원순음화圓脣母音化로 인해 [픔] → [품]으로 변한 것이 존재할 뿐이다.

한자漢字	동음東音	한음漢音	오음吳音	사적 변천史的變遷	성모聲母
品	품	ヒン	*ホン	*픔 → 품 ヒム → ヒン	滂 pʰ

📋 요점 정리

- 한국 한자음에서 -əu, -ïəu, -ïu는 [우]로, -iəu, -ieu, -iu는 [유]로 출현한다.
- 한국 한자음 [유]는 일본 한자음 -iu → -juu에 가장 많이 대응하고, 일부 치음자 齒音字를 중심으로 -ju형에 대응하며, 오음吳音을 중심으로 -u형에도 대응한다.
- 한국 한자음과 일본 오음吳音은 개구 3등 우운尤韻과 동운東韻에서 갑을류를 구별하고 있다.

✏️ 연습 문제

다음 (   ) 안에 알맞은 단어를 넣으시오.

1. 한국 한자음에서 -əu, -ïəu, -ïu는 [우]로, -iəu, -ieu, -iu는 (   )로 출현한다.

2. 한국 한자음은 대부분의 운韻에서 3등 갑을류를 구별하고 있다. 이것은 한국 한자음의 기본적인 체계가 (   )세기 이전에 성립했음을 의미한다.

3. 개구 3등 우운尤韻 을류의 한국 한자음 右[우]와 有[유]는 모두 일본 오음吳音은 [ウ]이며 한음漢音은 [イウ] → [ユウ]이다. 이를 통해 한국 한자음의 有[유]는 (   )세기의 음音이라는 것을 알 수 있다.

읽기 연습

다음 (　) 안에 알맞은 발음을 カタカナ로 써 넣으시오.

1. 豆腐　（　　　　）
2. 休日　（　　　　）
3. 友人　（　　　　）
4. 遊覧　（　　　　）
5. 幽玄　（　　　　）
6. 趣味　（　　　　）
7. 武者　（　　　　）
8. 武士　（　　　　）
9. 母乳　（　　　　）
10. 駐車　（　　　　）
11. 規則　（　　　　）
12. 累計　（　　　　）
13. 遺産　（　　　　）
14. 遺言　（　　　　）
15. 宮殿　（　　　　）
16. 神宮　（　　　　）
17. 育成　（　　　　）
18. 噴火　（　　　　）
19. 文物　（　　　　）
20. 品質　（　　　　）

제12강

愛는 애[ai]가 아니라 이[ɐi]였다

― [애] 계열과 [에] 계열의 대응 ―

복습

- -əu, -iəu, -iu는 [우]로, -iəu, -uei, -iu는 [유]로
- [유]는 -iu → -juu형, -ju형, -u형에 대응
- 개구 3등 우운尤韻과 동운東韻에서 갑을류 구별
- 水[スイ] ⇒ [슈이] → [슈](1음절화音節化) → [수](단모음화單母音化)

학습 목표

1. [애] 계열의 대응을 이해한다.
2. [에] 계열의 대응을 이해한다.
3. [아래아 ·]를 이해한다.
4. 합구성合口性의 반영을 이해한다.

1. 한국 한자음 [애]

한국 한자음 [애]는 중국 중고음中古音의 개구 1등 해운咍韻 -ʌi, 태운泰韻 -ɑi, 개구 2등 개운皆韻 -ɐi, 가운佳韻 -aï, 쾌운夬韻 -ai에 해당한다. 그 중고음과 반영을 정리하면 다음과 같다.

운모韻母	중고음中古音			오음吳音	동음東音	한음漢音
	남북조음 南北朝音	절운음 切韻音	진음 秦音			
咍개1	-ʌi	-ʌi	-ʌi	-ai	-ɐi	-ai
泰개1	-ɑi	-ɑi			-ai	
皆개2	-ɐi	-ɐi	-ɐi	-e	-ai	-ai
佳개2	-aï	-aï	-a	-a	-a	-a

(1) 해운咍韻(開1) -ʌi

한자漢字	동음東音	한음漢音	오음吳音	사적 변천史的變遷	성모聲母
改	개	カイ		기 → 개	見 k
愛	애	アイ		이 → 애	影 ʔ
海	해	カイ		히 → 해	曉 h
代	대	タイ	ダイ	디 → 대	定 d → tʰ
災	재	サイ		지 → 재	精 ts

해운咍韻(開1) -ʌi는 한국 한자음에서 -ɐi형으로 나타나 후술하는 태운泰韻의 -ai형과 구별하고 있다. 해운咍韻과 태운泰韻은 진음秦音 전기에 합류하는데, 한국 한자음은 이 두 운韻을 구별하고 있으므로, 8세기 이전에 이미 성립되었다는 것을 알 수 있다. 일본 오음吳音과 한음漢音은 대부분 -ai형으로 출현한다. 한국 한자음에서 -ɐi형은 [아래아 ㆍ]의 소멸로 인해 모두 -ai형으로 변했다.

(2) 태운泰韻(開1) -ɑi

한자漢字	동음東音	한음漢音	오음吳音	사적 변천史的變遷	성모聲母
蓋	개	*カイ		ガイ(慣)	見 k
害	해	*カイ	ガイ		匣 ɦ → h
太	태	タイ	タ		透 tʰ
泰	태	タイ			透 tʰ
大	대	タイ	ダイ		定 d → tʰ

태운泰韻(開1) -ɑi는 한국 한자음, 일본 오음吳音과 한음漢音 모두 -ai형으로 출현한다.

(3) 개운皆韻(開2) -ɐi

한자漢字	동음東音	한음漢音	오음吳音	사적 변천史的變遷	성모聲母
介	개	カイ	*ケ		見 k
界	계	カイ			見 k
皆	개	カイ		기 → 개	見 k
械	계	カイ	*ガイ		匣 ɦ → h
斋	재	サイ		지 → 재	莊 tʃ → tɕ

개운皆韻(開2) -ɐi는 한국 한자음에서 -ai형, -ɐi형, -jəi형이 혼재하며, 일본 오음吳音과 한음漢音은 주로 -ai형으로 출현한다.

(4) 가운佳韻(開2) -aï

한자漢字	동음東音	한음漢音	오음吳音	사적 변천史的變遷	성모聲母
佳	가	カ			見 k
涯	애	ガイ			疑 ŋ → ⁿg
崖	애	ガイ			疑 ŋ → ⁿg
解	해	カイ	ゲ	히 → 해	匣 ɦ → h
債	채	サイ			莊 tʃ → tɕ

가운佳韻(開2) -aï는 한국 한자음, 일본 오음吳音과 한음漢音 모두 주로 -ai형으로 출현한다. 단지 한일 한자음에 -a형이 혼재한다.

2. 한국 한자음 [앵/액]

한국 한자음 [앵/액]은 중국 중고음中古音의 개구 2등 경운耕韻 -ɐiŋ/k과 경운庚韻 -aiŋ/k에 해당한다. 그 중고음과 반영을 정리하면 다음과 같다.

운모韻母	중고음中古音			오음吳音	동음東音	한음漢音
	남북조음 南北朝音	절운음 切韻音	진음 秦音			
耕개2	-ɐiŋ/k	-ɐiŋ/k	-ɐiŋ/k	-jau/k	-ɐiŋ/k	-au/k
庚개2	-aiŋ/k	-aiŋ/k				-ei/ki

(1) 경운耕韻(開2) -ɐiŋ/k

한자漢字	동음東音	한음漢音	오음吳音	사적 변천史的變遷	성모聲母
桜	앵	オウ	*ヨウ	잉 → 앵 アウ → オウ	影?
厄	액	*アク	ヤク	익 → 액	影?
幸	행	コウ	*ギョウ	힝 → 행 カウ → コウ	匣 ɦ → h
争	쟁	ソウ	*ショウ	징 → 쟁	莊 tʃ → tɕ
責	책	セキ	*シャク	칙 → 책	莊 tʃ → tɕ

경운耕韻(開2) -ɐiŋ/k은 한국 한자음에서 대부분 -ɐiŋ/k형으로, 일본 오음吳音은 -jau/k형으로 출현하며, 한음漢音은 -au/k형과 -ei/ki형이 혼재한다. -ɐiŋ/k형은 [아래아 ㆍ]의 소멸로 인해 -aiŋ/k형으로 변한다.

(2) 경운庚韻(開2) -aiŋ/k

한자漢字	동음東音	한음漢音	오음吳音	사적 변천史的變遷	성모聲母
客	객	カク	キャク	긕 → 객	溪 k^h
宅	택	タク	*ジャク	틱 → 택	澄 $d \to t^h$
冷	랭	レイ	*リョウ	링 → 랭	來 l
柵	책	サク	*シャク	칙 → 책	初 $tʃ^h$
生	생	セイ	ショウ	싱 → 생 シャウ → ショウ	山 ʃ

경운庚韻(開2) -aiŋ/k도 경운耕韻과 동일하게 한국 한자음에서 대부분 -eiŋ/k형으로, 일본 오음吳音은 -jau/k형으로 출현하며, 한음漢音은 -au/k형과 -ei/ki형이 혼재한다.

3. 한국 한자음 [에], [예]

한국 한자음 [에]는 중국 중고음中古音의 개구 3등 제운祭韻 을류 -ïai에 해당하며, [예]는 제운祭韻 갑류 -iai, 개구 4등 제운齊韻 -ei, 개합 3등 폐운廢韻 -uïei, 합구 3등 제운祭韻 갑류 -uiai와 합구 4등 제운齊韻 -uei에 해당한다. 그 중고음과 반영을 정리하면 다음과 같다.

운모韻母	중고음中古音			오음吳音	동음東音	한음漢音
	남북조음 南北朝音	절운음 切韻音	진음 秦音			
祭개3을	-ïai	-ïai	-iei	-ai	-ɘi	-ei
祭개3갑	-iai	-iei		-ai -e	-jəi	
齊개4	-ei					
廢개합3	Puïɐi	Puïɐi	Fai	ɸai	-jəi	ɸai
祭합3갑	-uiai	-uiei	-uiei	-wai -we	-jəi	-wei
齊합4	-uei					

(1) 제운祭韻(개3을) -ïai

한자漢字	동음東音	한음漢音	오음吳音	사적 변천史的變遷	성모聲母
揭	게	ケイ	*ケ		溪 k^h
憩	게	ケイ	*カイ		溪 k^h

　제운祭韻(개3을) -ïai는 한국 한자음에서 -əi형으로, 일본 오음吳音에서 -ai형으로, 한음漢音에서는 -ei형으로 출현한다. 한국 한자음은 갑류의 -jəi형과 구별하고 있다.

(2) 제운祭韻(개3갑) -iai

한자漢字	동음東音	한음漢音	오음吳音	사적 변천史的變遷	성모聲母
芸	예	ゲイ			疑 ŋ → ⁿg
例	례	レイ			來 l
蔽	폐	ヘイ			幇 p
制	제	セイ		졔 → 제	照 tɕ
勢	세	セイ		셰 → 세	審 ɕ

　제운祭韻(개3갑) -iai는 한국 한자음에서 -jəi형으로, 일본 오음吳音, 한음漢音 모두 -ei형으로 출현한다. 한국 한자음은 을류의 -əi형과 구별하고 있다. 한국 한자음에서 치음자齒音字는 단모음화單母音化한다.

(3) 제운齊韻(開4) -ei

한자漢字	동음東音	한음漢音	오음吳音	사적 변천史的變遷	성모聲母
鶏	계	ケイ			見 k
抵	저	テイ		뎌 → 져 → 저	端 t
第	제	*テイ	ダイ	뎨 → 졔 → 제	定 d → t^h
礼	례	レイ	ライ		來 l
閉	폐	ヘイ			幇 p

　제운齊韻(開4) -ei는 한국 한자음에서 주로 -jəi형으로 출현하며, 일본 오음吳音은 -ei형과 -ai형이 혼재하며, 한음漢音은 -ei형으로 출현한다.

(4) 폐운廢韻(開合3) -uïɐi

한자漢字	동음東音	한음漢音	오음吳音	사적 변천史的變遷	성모聲母
廢	폐	ハイ			非 f
肺	폐	ハイ			敷 $p^h \to f^h$

폐운廢韻(開合3) -uïɐi는 순음자脣音字뿐인데, 한국 한자음에서 -jəi형으로 출현하며, 일본 오음吳音과 한음漢音은 -ai형으로 출현한다.

(5) 제운祭韻(合3갑) -uiai

한자漢字	동음東音	한음漢音	오음吳音	사적 변천史的變遷	성모聲母
銳	예	エイ			喩 'i
歲	세	セイ	サイ	셰→세	心 s
説	세	*セイ		ゼイ(慣) 셰→세	審 ɕ
税	세	*セイ		ゼイ(慣) 셰→세	審 ɕ

제운祭韻(합3갑) -uiai는 한국 한자음에서 -jəi형으로 출현하며, 일본 오음吳音과 한음漢音은 주로 -ei형으로 출현하는데, 오음吳音에 -ai형이 혼재한다. 한국 한자음에서 치음자齒音字는 단모음화單母音化한다.

(6) 제운齊韻(合4) -uei

한자漢字	동음東音	한음漢音	오음吳音	사적 변천史的變遷	성모聲母
惠	혜	ケイ	エ	クエイ→ケイ ヱ→エ	匣 ɦ→h
携	휴	ケイ	*エ	クエイ→ケイ	匣 ɦ→h

제운齊韻(合4) -uei는 한국 한자음에서 -jəi형과 -ju형으로 출현하며, 일본 오음吳音은 -ue형으로 한음漢音은 -uei형으로 출현한다. 제운祭韻(합3갑)과 제운齊韻(합4)에서 한국 한자음에 합구성合口性이 반영되지 않은 것은 합구성合口性과 요음성拗音性을 1음절音節 내에 동시에 발음할 수 없었기 때문으로 판단된다.

4. 한국 한자음 [왜], [외]

한국 한자음 [왜]는 중국 중고음中古音의 합구 1등 회운灰韻 -uʌi의 일부, 합구 2등 쾌운快韻 -uai, 합구 2등 산운山韻 -uɐn/t의 일부에 해당하며, [외]는 합구 1등 회운灰韻 -uʌi와 태운泰韻 -uɑi, 합구 2등 개운皆韻 -uɐi와 합구 2등 가운佳韻 -uaï에 해당한다. 그 중고음과 반영을 정리하면 다음과 같다.

운모韻母	중고음中古音			오음吳音	동음東音	한음漢音
	남북조음 南北朝音	절운음 切韻音	진음 秦音			
灰합1	-uʌi-	-uʌi	-uʌi	-we -wai	-oi	-wai
泰합1	-uɑi	-uɑi				
皆합2	-uɐi	-uɐi	-uɐi	-we	-oi	-wai
佳합2	-uaï	-uaï				
夬합2	-uai	-uai			-oai	

(1) 회운灰韻(합1) -uʌi

한자漢字	동음東音	한음漢音	오음吳音	사적 변천史的變遷	성모聲母
悔	회	カイ	*ケ	クワイ → カイ	曉 h
回	회	カイ	エ	クワイ → カイ ヱ → エ	匣 ɦ → h
雷	뢰	ライ			來 l
罪	죄	*サイ	ザイ		從 dz → s
碎	쇄	*スイ	サイ		心 s

회운灰韻(합1) -uʌi는 한국 한자음에서 주로 -oi형으로 나타나며, 일부 -oai형이 출현한다. 일본 오음吳音, 한음漢音도 대부분 -uai형(아후음자牙喉音字 기준)으로 출현하는데, 오음吳音에는 -ue형이 혼재한다.

(2) 쾌운快韻(合2) -uai

한자漢字	동음東音	한음漢音	오음吳音	사적 변천史的變遷	성모聲母
快	쾌	カイ	*ケ	クワイ → カイ	溪 k^h

쾌운快韻(合2) -uai의 快는 한국 한자음에서 [쾌]로, 일본 한자음에서 [クワイ] → [カイ]로 나타난다.

(3) 산운山韻(合2) -uɐn/t

한자漢字	동음東音	한음漢音	오음吳音	사적 변천史的變遷	성모聲母
頑	완	ガン	*ゲン	グワン → ガン	疑 $ŋ → {}^ng$
幻	환	*カン	ゲン	グェン → ゲン	匣 ɦ → h
刷	쇄	サツ	*セツ		山 ʃ → ɕ

산운山韻(合2) -uɐn/t은 한국 한자음에서 -oan/l형으로, 일본 오음吳音에서 -wen/t형으로, 한음漢音에서 -wan/t형으로 출현한다. 단지 刷의 한국 한자음 [쇄]는 중고음을 반영한다면 [솰]로 나타나야 하는데, 이는 입성入聲(어말語末 무성 자음無聲子音)이 탈락한 중국 근대음近代音을 [솨]로 수용하여 한국어의 i 모음母音 첨가 현상으로 [쇄]로 변한 발음으로 판단된다.

(4) 태운泰韻(合1) -uɑi

한자漢字	동음東音	한음漢音	오음吳音	사적 변천史的變遷	성모聲母
外	외	ガイ	ゲ	グワイ → ガイ グェ → ゲ	疑 $ŋ → {}^ng$
会	회	カイ	エ	クワイ → カイ ヱ → エ	匣 ɦ → h
絵	회	カイ	エ	クワイ → カイ ヱ → エ	匣 ɦ → h
最	최	サイ			精 ts

태운泰韻(合1) -uɑi는 한국 한자음에서 주로 -oi형으로 나타나며, 일본 오음吳音, 한음漢音은 대부분 -uai형(아후음자牙喉音字 기준)으로 출현하는데, 오음吳音에는 -we형이 혼

재한다. 오음吳音의 -we형은 합요음合拗音의 소멸로 -e형으로 변한다.

(5) 개운皆韻(合2) -uɐi

한자漢字	동음東音	한음漢音	오음吳音	사적 변천史的變遷	성모聲母
怪	괴	カイ	*ケ	クワイ → カイ	見 k
壞	괴	カイ		クワイ → カイ	見 k
塊	괴	カイ		クワイ → カイ	溪 k^h
懷	회	カイ	*エ	クワイ → カイ	匣 ɦ → h

개운皆韻(合2) -uɐi는 한국 한자음에서 주로 -oi형으로 나타나며, 일본 오음吳音, 한음漢音은 대부분 -wai형(아후음자牙喉音字 기준)으로 출현하는데, 오음吳音에는 -we형이 혼재한다.

(6) 가운佳韻(合2) -uaï

한자漢字	동음東音	한음漢音	오음吳音	사적 변천史的變遷	성모聲母
拐	괴	カイ	*ゲ	クワイ → カイ	群 g → g^h

개운皆韻(合2) -uɐi의 拐는 한국 한자음에서 [괴]로, 일본 한자음에서 [クワイ] → [カイ]로 나타난다.

5. 한국 한자음 [윙/윅]

한국 한자음 [윙/윅]은 중국 중고음中古音의 합구 2등 경운耕韻 -uɐiŋ/k과 경운庚韻 -uaiŋ/k에 해당한다. 그 중고음과 반영을 정리하면 다음과 같다.

| 운모韻母 | 중고음中古音 | | | 오음吳音 | 동음東音 | 한음漢音 |
	남북조음南北朝音	절운음切韻音	진음秦音			
耕합2	-uɐiŋ/k	-uɐiŋ/k	-uɐiŋ/k	-wau/k	-oiŋ/k	-wau/k
庚합2	-uaiŋ/k	-uaiŋ/k				

(1) 경운耕韻(합2) -uɐiŋ/k과 경운庚韻(합2) -uaiŋ/k

한자漢字	동음東音	한음漢音	오음吳音	사적 변천史的變遷	성모聲母
獲	획	カク	*ワク		匣 ɦ → h
画	획	カク	*ワク		匣 ɦ → h
鉱	광	コウ	コウ	クワウ → カウ → コウ	見 k
横	횡	*コウ	オウ	ワウ → オウ	匣 ɦ → h

경운耕韻(합2) -uɐiŋ/k과 경운庚韻(합2) -uaiŋ/k은 한국 한자음에서 주로 -oiŋ/k형으로, 일본 오음吳音, 한음漢音은 대부분 -wau/k형으로 출현한다.

6. 한국 한자음 [웨]

한국 한자음 [웨]는 중국 중고음中古音의 합구 3등 지운支韻 을류 -uïʌi, 지운脂韻 을류 -uïəi의 일부에 해당한다. 그 중고음과 반영을 정리하면 다음과 같다.

| 성모韻母 | 중고음中古音 | | | 오음吳音 | 동음東音 | 한음漢音 |
	남북조음南北朝音	절운음切韻音	진음秦音			
支합3을	-uïʌi	-uïi	-uii	-wi	-ui	-wi
脂합3을	-uïəi				-uəi	

(1) 지운支韻 을류(합3) -uïʌi와 지운脂韻 을류(합3) -uïəi

한자漢字	동음東音	한음漢音	오음吳音	사적 변천史的變遷	성모聲母
毁	훼	キ		クヰ → キ	曉 h
軌	궤	キ		クヰ → キ	見 k

지운支韻(합3을) -uïʌi와 지운脂韻(합3을) -uïəi는 한일 한자음 모두 대부분 -ui형으로 출현하지만, 한국 한자음에는 일부 -uəi형이 출현하고 있다. 이 -uəi형은 주모음主母音을 반영하고 있어 -ui형보다 오랜 시기의 자음字音을 반영하고 있다는 것을 알 수 있다.

요점 정리

- 한국 한자음의 [애]는 중고음中古音의 -ʌi, -ɑi, -ɐi, -aï, -ai에 해당한다.
- 한국 한자음은 -ɐi형과 -ai형을 구별했지만, -ɐi는 [아래아 ㆍ]의 소멸로 인해 모두 -ai로 변했다.
- 한국 한자음에서 해운咍韻은 -ɐi형으로, 태운泰韻은 -ai형으로 구별했다는 것은 한국 한자음이 8세기 이전에 이미 성립되었다는 것을 의미한다.
- 한일 한자음에서 합구성合口性 u가 명확하게 나타나는 것은 아음자牙音字와 후음자喉音字뿐이다. 즉 한국어는 [ㄱ], [ㅎ], [ㅇ]에, 일본어는 カ행, ガ행, ワ행에만 출현한다. 더욱이 일본어에서는 ワ 이외에는 합요음合拗音의 상실로 인해 그 합구성合口性이 모두 소멸되었다.

연습 문제

다음 (　) 안에 알맞은 단어를 넣으시오.

1. 한국 한자음의 (　　　)는 중고음中古音의 -ʌi, -ɑi, -ɐi, -aï, -ai에 해당한다.

2. 한국 한자음은 -ɐi형과 -ai형을 구별했지만 -ɐi는 [아래아 ㆍ]의 소멸로 인해 모두 (　　　)로 변했다.

3. 한일 한자음에서 합구성合口性 u가 명확하게 나타나는 것은 (　　　)자字와 (　　　)자字뿐이다.

읽기 연습

다음 (　) 안에 알맞은 발음을 カタカナ로 써 넣으시오.

1. 改善　（　　　）
2. 愛嬌　（　　　）
3. 被害　（　　　）
4. 機械　（　　　）
5. 解釈　（　　　）
6. 不幸　（　　　）
7. 在宅　（　　　）
8. 冷静　（　　　）
9. 休憩　（　　　）
10. 芸術　（　　　）
11. 婚礼　（　　　）
12. 廃止　（　　　）
13. 税金　（　　　）
14. 携帯　（　　　）
15. 企画　（　　　）
16. 印刷　（　　　）
17. 外科　（　　　）
18. 外人　（　　　）
19. 横断　（　　　）
20. 獲得　（　　　）

제13강

金의 [금]이 [김]보다 오래된 음이다

- [이], [으], [의] 계열의 대응 -

복습

- 한국 한자음의 [애]는 중고음中古音의 -ʌi, -ɑi, -ɐi, -aï, -ai에 해당한다.
- 한국 한자음은 -ɐi형 [이]와 -ai형 [애]를 구별했다.
- 한일 한자음에서 합구성合口性 u가 명확하게 나타나는 것은 아음자牙音字와 후음자喉音字뿐이다.

학습 목표

1. [이] 계열의 대응을 이해한다.
2. [으] 계열의 대응을 이해한다.
3. [의] 계열의 대응를 이해한다.

1. 한국 한자음 [이]

한국 한자음 [이]는 중국 중고음中古音 지섭止攝 개구 3등 갑류 운韻인 지운支韻 -iʌi, 지운脂韻 -iəi, 지운之韻 -iɐi에 해당한다. 그 중고음과 반영을 정리하면 다음과 같다.

운모韻母	중고음中古音			오음吳音	동음東音	한음漢音
	남북조음南北朝音	절운음切韻音	진음秦音			
支개3갑	-iʌi-	-ii	-ii	-i	-i	-i
脂개3갑	-iəi-					
之개3갑	-iɐi-					

(1) 지섭止攝 개구 3등 갑류 지운支韻 -iʌi, 지운脂韻 -iəi, 지운之韻 -iɐi

한자漢字	동음東音	한음漢音	오음吳音	사적 변천史的變遷	성모聲母
移	이	イ			喩 'i
知	지	チ		디 → 지	知 ṭ
枝	지	シ			照 tɕ
刺	자	シ		ス → 자	清 tsʰ
二	이	*ジ	ニ		日 ɲ → ⁿʑ

지섭止攝 개구 3등 갑류의 지운支韻 -iʌi, 지운脂韻 -iəi, 지운 之韻 -iɐi는 한국 한자음, 일본 오음吳音, 한음漢音 모두 -i형으로 나타난다. 단지 한국 한자음에서 치음자齒音字의 치두음齒頭音과 치상음齒上音은 -ɐ형인 [ᄉ], [ᄌ], [ᄎ]로 출현하며, 일본 오음吳音에서도 일부 -o형, -e형이 출현한다. 한국 한자음은 후술하는 을류의 -ïi형을 구별하고 있어, 갑을류가 합류한 진음秦音 이전에 성립되었음을 알 수 있다.

2. 한국 한자음 [잉/익]

한국 한자음 [잉/익]은 중국 중고음中古音의 개구 3등 증운蒸韻 갑류 -iəïŋ/k에 해당한다. 그 중고음과 반영을 정리하면 다음과 같다.

운모韻母	중고음中古音			오음吳音	동음東音	한음漢音
	남북조음南北朝音	절운음切韻音	진음秦音			
蒸개3갑	-iəïŋ/k	-iiŋ/k	-iiŋ/k	-jou/k -iki	-iŋ/k	-jou/k

(1) 증운蒸韻(開3갑) -iəïŋ/k

한자漢字	동음東音	한음漢音	오음吳音	사적 변천史的變遷	성모聲母
翌	익	ヨク			喩 ʼi
徵	징	チョウ		딩→징	知 ṭ
直	직	チョク	ジキ	딕→직 ヂキ→ジキ	澄 ḍ→tʰ
力	력	リョク	リキ		來 l
食	식	ショク	ジキ		神 dʑ→ɕ

증운蒸韻(開3갑) -iəïŋ/k은 한국 한자음에서 주로 -iŋ/k형으로 나타나며, 일본 오음吳音, 한음漢音은 주로 -jou/k형으로 출현하는데, 오음吳音에 -iki형이 혼재한다. 후술하듯이, 한국 한자음과 오음吳音은 을류와 갑류를 구별하고 있으나, 한음漢音은 을류가 갑류와 같은 자음형으로 출현한다.

3. 한국 한자음 [인/일]

한국 한자음 [인/일]은 중국 중고음中古音의 개구 3등 진운眞韻 갑류 -ieïn/t에 해당한다. 그 중고음과 반영은 다음과 같다.

운모韻母	중고음中古音			오음吳音	동음東音	한음漢音
	남북조음南北朝音	절운음切韻音	진음秦音			
眞개3갑	-ieïn/t	-iin/t	-iin/t	-in/t	-in/l	-in/t

(1) 진운眞韻(開3갑)

한자漢字	동음東音	한음漢音	오음吳音	사적 변천史的變遷	성모聲母
引	인	イン			喩 'i
秩	질	チツ	*ジツ	질	澄 ḍ → tʰ
必	필	ヒツ			幇 p
眞	진	シン			照 tɕ
日	일	ジツ	ニチ		日 ȵ → ⁿʑ

진운眞韻(開3갑) -ieïn/t은 한국 한자음에서 -in/l형으로, 일본 오음吳音, 한음漢音에서도 모두 -in/t형으로 출현한다. 후술하듯이, 한국 한자음은 을류의 -in/l형과 구별하고 있다.

4. 한국 한자음 [임/입]

한국 한자음 [임/입]은 중국 중고음中古音의 개구 3등 침운侵韻 갑류 -iəïm/p에 해당한다. 그 중고음과 반영은 다음과 같다.

운모韻母	중고음中古音			오음吳音	동음東音	한음漢音
	남북조음南北朝音	절운음切韻音	진음秦音			
侵개3갑	-iəïm/p	-iim/p	-iim/p	-im/ɸ	-im/p	-im/ɸ

침운侵韻(開3갑) -iəïm/p은 한국 한자음에서 -im/p형으로, 일본 오음吳音, 한음漢音도

-im/ɸ형으로 나타난다. 일본 한자음은 입성入聲 p를 [ㄱ]로 받아들여 한국어의 받침 [ㅂ]처럼 발음하려 했으나 ハ행 전호음転呼音에 의해 대부분 [ウ]로 변하였으며, 일부는 [ツ]로 변했다.

한국 한자음은 후술하는 바와 같이 을류는 -im/p형으로 반영하여 갑을류를 구별하고 있다.

5. 한국 한자음 [응/윽]

한국 한자음 [응/윽]은 중국 중고음中古音의 개구 3등 증운蒸韻 을류 -ïəiŋ/k에 해당한다. 그 중고음과 반영은 다음과 같다.

운모韻母	중고음中古音			오음吳音	동음東音	한음漢音
	남북조음南北朝音	절운음切韻音	진음秦音			
蒸개3을	-ïəiŋ/k	-ïiŋ/k	-ïiŋ/k	-ou/k	-ïŋ/k	-jou/k

(1) 증운蒸韻(開3을) -ïəiŋ/k

한자漢字	동음東音	한음漢音	오음吳音	사적 변천史的變遷	성모聲母
極	극	キョク	ゴク		群 g → k^h
応(應)	응	*ヨウ	オウ		影 ʔ
億	억	*ヨク	オク		影 ʔ
興	흥	キョウ	コウ		曉 h
側	측	*ショク	ソク		莊 tʃ → tɕ

증운蒸韻(開3을) -ïəiŋ/k은 한국 한자음에서 주로 -iŋ/k형으로 나타나며, 일본 오음吳音은 -ou/k형으로, 한음漢音은 -jou/k형으로 출현한다. 한국 한자음과 오음吳音은 을류와 갑류를 구별하고 있으나, 한음漢音은 을류가 갑류와 같은 자음형으로 출현한다.

6. 한국 한자음 [은/을]

한국 한자음 [은/을]은 중국 중고음中古音의 개구 3등 혼운欣韻 -ïəin/t, 진운臻韻 -ieïn/t, 진운眞韻 을류 -ieïn/t에 해당한다. 그 중고음과 반영을 정리하면 다음과 같다.

운모韻母	중고음中古音			오음吳音	동음東音	한음漢音
	남북조음 南北朝音	절운음 切韻音	진음 秦音			
欣개3	-ïəin/t					
臻개3	-ieïn/t	-ïin/t	-iin/t	-on/t	-in/l	-in/t
眞개3을	-ieïn/t					
眞개3갑	-ieïn/t	-iin/t		-in/t	-in/l	

(1) 혼운欣韻(開3) -ïəin/t, 진운臻韻(開3) -ieïn/t, 진운眞韻(開3을) -ieïn/t

한자漢字	동음東音	한음漢音	오음吳音	사적 변천史的變遷	성모聲母
斤	근	キン	*コン		見 k
近	근	キン	*ゴン		群 g → kʰ
巾	건	キン	*ゴン		見 k
銀	은	ギン	*ゴン		疑 ŋ → ⁿg
乙	을	*イツ	オツ		影 ʔ

혼운欣韻(開3) -ïəin/t, 진운臻韻(開3) -ieïn/t, 진운眞韻(開3을) -ieïn/t은 한국 한자음에서는 대부분 -in/l형으로, 오음吳音에서는 -on/t형으로, 한음漢音에서는 -in/t형으로 출현한다. 대부분의 다른 3등 운과 마찬가지로 한국 한자음과 오음吳音은 갑을류를 구별하고 있지만, 한음漢音은 을류가 갑류와 같은 형태로 출현한다.

7. 한국 한자음 [음/읍]

한국 한자음 [음/읍]은 중국 중고음中古音의 개구 3등 침운侵韻 을류 -iəim/p에 해당한다. 그 중고음과 반영은 다음과 같다.

운모韻母	중고음中古音			오음吳音	동음東音	한음漢音
	남북조음南北朝音	절운음切韻音	진음秦音			
侵개3을	-iəim/p	-ïim/p	-iim/p	-om/ɸ	-im/p	-im/ɸ

(1) 침운侵韻(開3을) -iəim/p

한자漢字	동음東音	한음漢音	오음吳音	사적 변천史的變遷	성모聲母
金	금 김	キン	コン	キム → キン コム → コン	見 k
陰	음	イン	*オン	イム → イン	影 ʔ
音	음	イン	オン	イム → イン オム → オン	影 ʔ
品	품	ヒン	*ホン	*픔 → 품 ヒム → ヒン	滂 pʰ
森	삼	シン	*ソン	슴 → 삼 シム → シン	山 ʃ

침운侵韻(開3을) -iəim/p는 한국 한자음에서 -im/p형으로, 일본 오음吳音은 -om/ɸ형으로, 한음漢音은 -im/ɸ형으로 반영되었다. 한국 한자음과 오음吳音은 갑을류를 구별하고 있으나 한음은 을류가 갑류에 합병된 형태로 나타난다. 金의 한국 한자음 [금]은 오음吳音의 [コム]과, [김]은 한음漢音의 [キム]와 같은 형태인 점으로 보아 [김]이 8-9세기 당대음唐代音이며, [금]이 그 이전의 발음이라는 것을 알 수 있다.

8. 한국 한자음 [의]

한국 한자음 [의]는 중국 중고음中古音 지섭止攝 개구 3등 을류 운韻인 지운支韻 -ïʌi, 지운脂韻 -ïéi, 지운之韻 -ïəi, 미운微韻의 아후음자牙喉音字에 해당한다. 그 중고음과 반영을 정리하면 다음과 같다.

운모韻母	중고음中古音				동음東音	한음漢音
	남북조음南北朝音	절운음切韻音	진음秦音	오음吳音		
支개3을	-ïʌi	-ï	-ï	-e -o -i	-ï	-i
脂개3을	-ïéi					
之개3을	-ïəi					
微개3	-ïei					

(1) 지섭止攝 개구 3등 을류 지운支韻 -ïʌi, 지운脂韻 -ïéi, 지운之韻 -ïəi, 미운微韻 -ïei

한자漢字	동음東音	한음漢音	오음吳音	사적 변천史的變遷	성모聲母
己	기	キ	コ	긔 → 기	見 k
期	기	キ	ゴ	긔 → 기	群 g → kʰ
意	의	イ			影 ʔ
喜	희	キ			曉 h
士	사	シ	*ジ	스 → 사	牀 ʥ → ɕ

지섭止攝 개구 3등 갑류 지운支韻 -ïʌi, 지운脂韻 -iəi, 지운之韻 -iəi는 한국 한자음에서 -ï형으로 출현하며, 일본 오음吳音, 한음漢音은 대부분 -i형으로 나타난다. 단지 한국 한자음에서 치음자齒音字의 치두음齒頭音과 치상음齒上音은 -ɐ형인 [ㅅ], [ㅈ], [ㅊ]로 출현하며, 일본 오음吳音에서도 일부 -o형, -e형이 출현한다. 한국 한자음은 갑류의 i형과 을류의 -ï형을 구별하고 있어, 갑을류가 합류한 진음秦音 이전에 성립되었음을 알 수 있다. 한국 한자음 [긔]는 [기]로 변하였으며, 현재 [희]도 [히]로 발음은 거의 변화가 완료된 상태이다.

9. 한국 한자음 [위]

한국 한자음 [위]는 중국 중고음中古音 지섭止攝 합구 3등 을류 운韻인 지운支韻 -uïʌi, 지운脂韻 -uïəi, 미운微韻 -uïei의 아후음자牙喉音字에 해당한다. 그 중고음과 반영을 정리하면 다음과 같다.

운모韻母	중고음中古音			오음吳音	동음東音	한음漢音
	남북조음南北朝音	절운음切韻音	진음秦音			
支합3을	-uïʌi	-uïi	-uïi	-wi	-ui -iən	-wi
脂합3을	-uïəi					
微합3	-uïei					

(1) 지섭止攝 합구 3등 갑류 지운支韻 -uiʌi, 지운脂韻 -uiəi, 미운微韻 -uiei

한자漢字	동음東音	한음漢音	오음吳音	사적 변천史的變遷	성모聲母
鬼	귀	キ	クヰ	クヰ → キ	見 k
帰	귀	キ	クヰ	クヰ → キ	見 k
危	위	*ギ	キ(慣)		疑 ŋ → ⁿg
委	위	イ	ヰ	ヰ → イ	影 ʔ
彙	휘	イ	ヰ	ヰ → イ	于 'ø → 'i
位	위	イ	ヰ	ヰ → イ	于 'ø → 'i

지섭止攝 합구 3등 갑류 지운支韻 -uiʌi, 지운脂韻 -uiəi, 미운微韻 -uiei의 아후음자牙喉音字는 한국 한자음에서 -ui형으로 출현하며, 일본 오음吳音, 한음漢音도 대부분 -wi형으로 나타난다. 일본 한자음의 [クヰ]와 [ヰ]는 합요음合拗音의 상실로 [キ]와 [イ]로 변했다.

📋 요점 정리

- 한국 한자음은 지섭止攝 개구 제운에서 [의]와 [이]로, 증운蒸韻에서 [응/윽]과 [잉/익]으로, 진운眞韻에서 [은/을]과 [인/일]로, 침운侵韻에서 [음/읍]과 [임/입]으로 을류와 갑류를 구별하고 있어, 당대唐代 이전에 대부분의 자음 체계가 성립되었음을 알 수 있다.

- 일본 한자음의 [クヰ]와 [ヰ]는 합요음合拗音의 상실로 [キ]와 [イ]로 변한다.

- 한국 한자음은 지섭止攝 개구 3등 을류 운의 아후음자牙喉音字를 [의], [긔], [희]로 반영했다. 이 중 [긔]는 [기]로 변했으며, 앞으로 [희]도 그 표기가 [히]로 바뀔 것이 예상된다.

✏️ 연습 문제

다음 ( ) 안에 알맞은 단어를 넣으시오.

1. 金의 한국 한자음 [금]과 [김] 중에서 (　　　)이 오래된 음音이다.

2. 일본 한자음에서는 합요음合拗音의 상실로 인해 (　　　)는 [キ]로, (　　　)는 [イ]로 변했다.

3. 오음吳音과 한음漢音 중에서 대부분의 운韻에서 3등 갑을류가 같은 형태로 나타나는 것은 (　　　)이다.

읽기 연습

다음 ( ) 안에 알맞은 발음을 カタカナ로 써 넣으시오.

1. 知恵　　（　　　　）
2. 翌日　　（　　　　）
3. 力士　　（　　　　）
4. 秩序　　（　　　　）
5. 真実　　（　　　　）
6. 興奮　　（　　　　）
7. 接近　　（　　　　）
8. 音楽　　（　　　　）
9. 意欲　　（　　　　）
10. 象徴　（　　　　）
11. 引用　（　　　　）
12. 側面　（　　　　）
13. 甲乙　（　　　　）
14. 必要　（　　　　）
15. 金銀　（　　　　）
16. 黄金　（　　　　）
17. 回帰　（　　　　）
18. 委員　（　　　　）
19. 語彙　（　　　　）
20. 位置　（　　　　）

제14강

[수출]이 왜 [ユシュツ]인가?

- 관용음과 다음자 -

복습

- 한국 한자음 갑을류의 구별

  지섭止攝 개구 제운에서 [의]와 [이]

  증운蒸韻 [응/윽]과 [잉/익]

  진운眞韻에서 [은/을]과 [인/일]

  침운侵韻에서 [음/읍]과 [임/입]

- 합요음合拗音의 상실 [クヰ] → [キ], [ヰ] → [イ]
- 지섭止攝 개구 3등 을류 운의 아후음자牙喉音字 [의], [긔] → [기], [희]

학습 목표

1. 관용음慣用音의 유형을 이해한다.
2. 유추類推를 이해한다.
3. 다음자多音字의 형성 과정 및 한일 간의 반영 차를 이해한다.

1. 일본의 관용음慣用音

일본의 관용음慣用音은 일반적인 오음吳音이나 한음漢音과 크게 다르게 반영되거나 일반적인 일본어의 음운 변화와 다르게 정착된 자음字音을 말한다.

(1) 청탁淸濁의 혼동混同에 의한 것

관용음에서 가장 많은 부분을 차지하는 것은 청탁淸濁의 혼동에 의한 것이다. 일본어는 청음淸音과 탁음濁音을 음소音素로 구별하고 있지만, 탁음濁音을 나타내는 기호인 다쿠온푸濁音符를 사용한 것은 에도江戶 시대가 되어서이며, 그 이전에는 일반적으로 히라가나(ひらがな) 문헌에서는 다쿠온푸濁音符를 사용하는 일이 없어 청음淸音과 탁음濁音이 표기상으로 구별되지 않았다. 이러한 연유로 청탁淸濁의 혼동에 의한 관용음慣用音이 늘어나게 된 것이다.

예를 들어 [研究]는 [ケンキュウ]라고 하는데, [研]은 의모疑母에 해당하므로, 한국 한자음은 [연]이고 일본 한자음은 [ゲン]이 되어야 하지만, 에도江戶 시대 이전에 ケ와 ゲ를 구별하는 표기가 없었기 때문에 [ケン]으로 잘못 읽은 것이 그대로 정착된 것이다.

❶ 청음淸音이 탁음濁音으로 변한 것

한자漢字	동음東音	한음漢音	오음吳音	관용음慣用音	성모聲母
軍	군	*クン		グン	見 k
慨	개	*カイ		ガイ	溪 k^h
鯨	경	*ケイ	*ギョウ	ゲイ	群 $g \to k^h$
曉	효	*キョウ		ギョウ	曉 h
打	타	*タ		ダ	端 t
妥	타	*タ		ダ	透 t^h
博	박	ハク		バク	幫 p
剖	부	*ホウ	*フ	ボウ	滂 p^h
番	번	*ハン		バン	敷 f^h
膨	팽	*ホウ	*ビョウ	ボウ	並 $b \to p^h$
增	증	*ソウ		ゾウ	精 ts

漢字	동음東音	한음漢音	오음吳音	관용음慣用音	성모聲母
蒸	증	*ショウ		ジョウ	照 tɕ
次	차	シ		ジ	清 tsʰ
銃	총	*シュウ		ジュウ	穿 tɕʰ
獣	수	*シュウ		ジュウ	審 ɕ
需	수	*シュ		ジュ	心 s
渋	삽	*シュウ	*ソウ	ジュウ	山 ʃ

❷ 탁음濁音이 청음清音으로 바뀐 것

한자漢字	동음東音	한음漢音	오음吳音	관용음慣用音	성모聲母
競	경	ケイ	*ギョウ	キョウ	群 g → kʰ
研	연	ゲン		ケン	疑 ŋ → ⁿg
紅	홍	コウ	*グ	ク	匣 ɦ → h
逮	체	*テイ	*ダイ	タイ	定 d → tʰ
耐	내	*ダイ	*ナイ	タイ	泥 n → ⁿd
賃	임	*ジン	*ニン	チン	娘 ɳ → ⁿɖ
評	평	*ヘイ	*ビョウ	ヒョウ	並 b → pʰ
崇	숭	*シュウ	*ズウ	スウ	牀 dʑ → ʑ
染	염	*ゼン	*ネン	セン	日 ȵ → ⁿʑ

(2) 유추類推에 의한 것

청탁清濁의 혼동에 의한 것 다음으로 많은 것이 유추類推에 의한 것이다. 한자의 구성과 사용 원리인 육서六書에서 가장 많은 것이 형성形聲인데, 한자에 소리를 나타내는 부분과 뜻을 나타내는 부분이 있어 한자를 보면 그 뜻과 음을 알 수 있게 하는 것이다. 이로 인해 소리를 나타내는 부분을 보고 잘못 읽은 것이 유추음類推音이다.

예를 들어 우리는 [輸出]을 [수출]로 읽지만, 일본에서는 [ユシュツ]로 읽는다. 이는 [輸] 자의 소리를 나타내는 성부聲符 [兪]에서 유추하여 [그]로 잘못 읽은 것이 그대로 정착된 것이다.

한자 漢字	동음 東音	한음 漢音	오음 吳音	관용음 慣用音	유추 한자 類推漢字	성모 聲母
輸	슈→수	*シュ		ユ	諭, 愉(喩 'i)	審 ɕ
渦	와	*ワ		カ	過, 鍋(見 k)	影 ʔ
錘	튜→추	*ツイ	*ズイ	スイ	垂, 睡(禅 ʑ→ɕ)	澄 ḍ
注	쥬→주	*シュウ		チュウ	住(澄 ḍ), 註(知 t)	照 tɕ
鑄	쥬→주	*シュウ		チュウ	躊, 籌(澄 ḍ)	照 tɕ
緖	셔→서	ショ	*ジョ	チョ	著, 箸(知 t)	邪 z

(3) 기타

그 밖에 운미韻尾가 다르게 정착되거나, 온빈音便에 의해 변형된 예가 있으며, 漁師[リョウシ]처럼 [漁] 자의 발음을 같은 의미를 가진 [獵] 자 발음에서 취한 것 등이 있다.

한자漢字	동음東音	한음漢音	오음吳音	관용음慣用音	비고
甲	갑	コウ	*キョウ	カン	韻尾
納	납	*ドウ	ノウ ナツ	ナン	韻尾
冊	책	サク	*シャク	サツ	韻尾
匹	필	ヒツ		ヒキ	韻尾
坊	방	*ホウ	ボウ	ボッ	
女	녀	ジョ	ニョ	ニョウ	
想	상	*ショウ	ソウ	ソ	
格	격	カク	*キャク	コウ	音便
拍	박	ハク	*ヒャク	ヒョウ	音便
漁	어	ギョ	*ゴ	リョウ	獵에서
早	조	ソウ		サッ	

2. 한국의 유추음 類推音

한국에서 잘못 정착된 관용음에 해당하는 것은 대부분 유추에 의한 것이다. 예를 들어 우리는 [歐美]를 [구미]로 읽지만, 일본에서는 [オウベイ]라고 읽는다. 이는 우리가 [우미]라고 읽어야 할 것을 [歐] 자의 성부聲符에 해당하는 [區]에서 유추하여 잘못 읽은 것이 정착된 예이다.

또한 [一秒]를 [일초]로 읽지만, 일본에서는 [イチビョウ]라고 읽는다. 이는 우리가 [일묘]라고 읽어야 할 것을 [秒] 자와 성부聲符가 같은 [抄, 炒] 등에서 유추하여 잘못 읽은 것이 정착된 예이다.

한자 漢字	동음 東音	한음 漢音	오음 吳音	유추 한자 類推漢字	성모 聲母	기대음
暇	가	カ	*ゲ	假(見 k)	匣 ɦ	하
憾	감	カン	*ガン	感(見 k)	匣 ɦ	함
莖	경	カウ→コウ / ケイ	*ギョウ	經(見 k)	匣 ɦ	형
系	계	ケイ	*ゲ	係(見 k)	匣 ɦ	혜
械	계	カイ	*ゲ	戒(見 k)	匣 ɦ	혜
完	완	クワン→カン	*ガン	元(疑 ŋ)	匣 ɦ	환
緩	완	クワン→カン	*ガン	爰(于 'ø)	匣 ɦ	환
歐	구	オウ	*ウ	区(渓 kʰ)	影 ʔ	우
毆	구	オウ	*ウ	区(渓 kʰ)	影 ʔ	우
湾	만	ワン	*エン	蛮(明 m)	影 ʔ	완
粘	점	*デン	ネム→ネン	占(照 tɕ)	娘 ɳ	념
秒	초	ベウ→ビョウ	*ミョウ	抄(初 tʃʰ)	微 ɱ	묘

3. 다음자多音字

한어漢語에서 두 개 이상의 발음을 가진 한자를 다음자多音字라고 한다.

(1) 발음이 같으면 뜻이 같다.

한자에서 가장 많은 부분을 차지하는 것이 육서六書 중 형성形聲의 원리에 의해서 만들어진 것이다. 그래서 같은 한자가 들어 있으면 원래 같은 발음이었다고 생각할 수 있다. 예를 들어 [靑, 淸, 晴 情]은 같은 성부聲符가 들어가 있어 발음이 같거나 유사하다. 그런데 이들 한자는 모두 '깨끗하다'라는 의미를 가지고 있다. 淸은 '물이 깨끗하다', 晴은 '날씨가 깨끗하다', 情은 '마음이 깨끗하다'라는 의미로 분화하게 된 것이다.

그래서 "같은 한자가 들어 있으면 원래 발음이 같다"라고 할 수 있으며, "발음이 같으면 의미가 같다"라고까지 말할 수 있는 것이다.

[복] 또는 [폭]으로 읽는 [腹, 服, 福, 幅, 復, 複]은 모두 '늘어나는 것', '부푼 것'을 나타낸다. 이러한 한자의 발음에서 운미韻尾 k가 탈락한 것이 [부]로 읽는 [付, 附, 敷, 浮]이며, 운미韻尾 k가 i로 변한 것이 [배]로 읽는 [配, 培, 倍]이다. 이러한 한자의 발음은 한국어의 '붇다', '부풀다', '불어나다', '복 주다', '바가지', '배' 등과 같은 어원을 가지며, 일본어의 ふくろ, ふくらむ 등과 같은 어원을 가진다.

靑 淸 晴 情	맑은 것, 깨끗한 것
腹 服 復 複 福 幅	뚱뚱한 것, 부푼 것
付 附 敷 浮	부풀다, 늘어나다, 퍼지다
配 培 倍	늘어나다, 첨가되다

(2) 같은 한자가 들어가 있으면 같은 발음이었다.

風[풍]과 嵐[람]은 현재 전혀 다른 발음이지만, 같은 한자가 들어가 있기 때문에 원래 같은 발음이었다고 볼 수 있다. 그래서 이 두 글자의 발음은 어두語頭가 복수 자음인 plam으로 재구할 수 있으며, 어두語頭에 복수 자음이 올 수 없는 상고 한어에서 pïam과 lam이라는 두 발음으로 분화되었고, pïam이 어말 m이 없는 언어층에서 pïʌuŋ으로 변한 것을 [풍], [フウ]로 수용한 것이며, lam에서 lʌm으로 변한 것을 [람], [ラム → ラ

ン]로 수용한 것이다. 즉 風[풍]과 嵐[람]은 plam에서 변한 것이라고 할 수 있으며, 중국 상고음의 초기 발음은 한국어의 '바람', '불다'와 관련이 있음을 알 수 있다.

落[락], 路[로], 各[각], 格[격]도 현재 전혀 다른 발음이지만, 같은 한자가 들어가 있기 때문에 원래 같은 발음이었다고 볼 수 있다. 各[각]과 落[락]을 통해 중국 상고음을 klak으로 재구할 수 있으며, 이것이 kak[각各]과 lak[락落]으로 분화했으며, klak의 l이 모음 ï으로 변하여 kïak이 된 것을 수용한 것이 [격格]이며, lak에서 어말 자음을 발음할 수 없는 언어층에서 k가 모음 u로 변하여 lʌu가 된 것을 수용한 것이 [로路]이다. 즉 [락落], [로路], [각各], [격格]은 모두 상고음 klak에서 변한 것이며, 중국 상고음의 초기 발음은 한국어의 '길', '길다', '그리다', '가르마', '가르다', 일본어의 きる와 관련이 있음을 알 수 있다.

風/嵐 plam → pïam → pïʌuŋ ⇒ 풍
　　　　lam → lʌm ⇒ 람
　　바람 불다

落/各/路/格 klak → kak 각
　　　　　　　　 → kïak 격
　　　　　　　　 → lak 락 → lʌu 로
　　길 길다 그리다 가르다

(3) 상고음上古音의 복수 자음

상고음에서 복수 자음의 흔적을 발견할 수 있고, 중국 한자음과 한국어 및 일본어의 고유어가 동일한 어원을 가지고 있는 단어가 많다는 것은 알타이어의 한 지류가 상고 한어의 형성에도 큰 영향을 끼쳤다는 방증이 된다.

(4) 한국어의 복수 자음

이처럼 형성形聲을 통해 상고음에 복수 자음이 존재했음을 확인할 수 있다. 한국어에는 '땅' → '땅'과 같이 조선 시대까지 어두에 복수 자음이 존재했었으며, 현재는 어말에 '흙', '값'과 같이 복수 자음이 존재하지만 점차 사라져 가고 있는 추세이다.

땅 → 땅, 빨 → 쌀　　　　　　　흙, 값, 돐 → 돌, *싥 → 실 silk

(5) 받침이 있는 것이 오래된 발음이다.

光復[광복]과 復活節[부활절]처럼 [復]은 [복]과 [부] 두 가지 발음이 있는데, 이러한

경우 받침이 있는 [복]이 받침이 없는 [부]보다 오래된 발음이라고 할 수 있다. 받침을 할 수 있는 폐음절 구조의 언어에서 [복]이었던 발음이 받침을 할 수 없는 개음절 구조의 언어에서 [부]로 변했다고 할 수 있다. 이처럼 다음자는 어말 자음이 있는 경우가 오래된 발음이고 이 어말 자음은 탈락(副[フク → 부]), i(洗[セン → 세]) 또는 u(度[탁 → 도])로 변한다.

① 어말 자음 → u   예 度[탁] → [도]
② 어말 자음 → i   예 洗[セン] → [세]
③ 어말 자음 → 탈락   예 副[フク] → [부]

4. 다음자多音字에 의한 차이

다음자를 한일 한자음에서 어떻게 수용하느냐에 따라 그 음독音讀에 차이가 발생하는 경우가 있다.

(1) 한일 간에 서로 다른 자음字音을 채택한 경우

[比較]를 우리는 [비교]라고 읽지만, 일본에서는 [ヒカク]라고 읽는다. 이는 [較]가 중국 중고음에서 [見效개2]에 해당하는 발음과 [見覺개1]에 해당하는 두 발음을 가진 다음자多音字였는데, 한국에서는 [見效개2]에 해당하는 [교]를, 일본에서는 [見覺개1]에 해당하는 [カク]만을 받아들여 사용하고 있기 때문이다.

한자 漢字	동음 東音	한음 漢音	오음 吳音	한국 채택 운韻	일본 채택 운韻	성모 聲母	
乾	건	カン		仙개3을	寒개1	群 K	見 J
告	고	コク		豪개1	沃개1	見	
較	교	カク		效개2	覚개1	見	
否	부	ヒ	*ビ	有개3을	脂개3을	非 K	並 J
洗	세	セン		齊개4	先개4	心	
員	원	イン (新)	*ウン	仙합3을	文합3	于	

院	원	イン(新)	*ウン	仙합3을	文합3	于
借	차	*セキ	シャク	麻개3	陌개3	精
凸	철	トツ	*ドツ	屑개4	沒합1	定
罷	파	ヒ	*ビ	佳개2	支개3갑	竝
副	부	フク		尤개3을	屋개3을	敷

(2) 일본 한자음에서 2자음字音을 사용하는 경우

중고음의 다음자多音字를 일본에서는 두 음 모두 사용하는데, 한국에서는 한 음만을 사용해서 차이가 발생하는 경우가 있다. 한국 한자음에서 作文[작문], 動作[동작]과 같이 作을 [작]으로만 읽고 있지만, 일본에서는 作文[サクブン], 動作[ドウサ]과 같이 [サク]와 [サ] 두 발음을 사용하고 있다.

한자 漢字	동음 東音	한음 漢音	오음 吳音	한일 채택 운韻	일본 채택 운韻	성모 聲母
作	작	サ			歌개1	精
		サク		鐸개1		
泌	비	ヒツ			質개3갑	非
		ヒ		脂개3갑		
質	질	チ			脂개3갑	知
			シツ	質개3갑		照
酢	초	サク	*ザク		鐸개1	從
		*ソ	ス	模개1		淸
祝	축	シュウ			尤개3갑	照
		シュク		屋개3갑		
出	출	スイ			支합3갑	穿
		シュツ		術개3갑		
暴	폭	*ホウ	ボウ		豪개1	竝
		バク(慣)		屋개1		

(3) 한국 한자음에서 2자음字音을 사용하는 경우

중고음의 다음자多音字를 한국에서는 두 음 모두 사용하는데, 일본에서는 한 음만을 사용해서 차이가 발생하는 경우가 있다. 일본에서는 南北[ナンボク], 敗北[ハイボク]와 같이 北에 하나의 자음만을 사용하는데, 한국에서는 南北[남북], 敗北[패배]와 같이 두 발음을 사용하고 있다.

한자 漢字	동음 東音	한음 漢音	오음 吳音	한일 채택 운韻	한국 채택 운韻	성모 聲母
不	불				物합3	幫
	부	フ, ブ(慣)	尤개3을			
北	배				灰합1	幫
	북	ホク	德개1			
拓	척				陌개3	照
	탁	タク	鐸개1			透

요점 정리

- 일본의 관용음慣用音 중에서 가장 많은 비중을 차지하는 것은 청탁清濁의 혼동混同에 의한 것이다.
  예) 忍耐[ニンタイ], 汚染[オセン]

- 한일 한자음 모두 유추類推에 의해 잘못된 음이 정착된 경우가 존재한다.
  예) 輸出[ユシュツ], 歐美[구미]

- 중고음의 다음자를 어떻게 수용하느냐에 따라 한일 한자음에 차이가 발생한 경우가 있다.
  예) 副社長[부사장 フクシャチョウ], 作動[작동 サドウ]

연습 문제

다음 ( ) 안에 알맞은 단어를 넣으시오.

1. 다음자多音字에 받침이 있는 경우와 받침이 없는 경우 받침이 (   )는 것이 오래된 발음이다.

2. 일본의 관용음慣用音 중에서 가장 많은 비중을 차지하는 것은 (   )의 혼동混同에 의한 것이다.

3. 한어漢語의 오래된 시기에 (   )어가 영향을 주었기 때문에 한자의 발음과 유사한 한국어나 일본어가 상당수 존재하는 것이다.

읽기 연습

다음 (　) 안에 알맞은 발음을 カタカナ로 써 넣으시오.

1. 軍隊　（　　　　）
2. 渋滞　（　　　　）
3. 研究　（　　　　）
4. 忍耐　（　　　　）
5. 賃金　（　　　　）
6. 輸入　（　　　　）
7. 情緒　（　　　　）
8. 完了　（　　　　）
9. 拍子　（　　　　）
10. 愛想　（　　　　）
11. 殴打　（　　　　）
12. 粘土　（　　　　）
13. 乾燥　（　　　　）
14. 広告　（　　　　）
15. 洗濯　（　　　　）
16. 凹凸　（　　　　）
17. 動作　（　　　　）
18. 暴力　（　　　　）
19. 敗北　（　　　　）
20. 拓殖　（　　　　）

부록

연습 문제 · 읽기 연습 정답
주요 참고 문헌

연습 문제·읽기 연습 정답

제1강

연습 문제

1. 2010
2. 한음漢音, 오음吳音
3. 성모聲母, 운모韻母

제2강

연습 문제

1. カ
2. 차청次淸
3. クワ, カン

읽기 연습

1. カシュ
2. コウコウ
3. クガツ
4. キュウシュウ
5. カイソク
6. ケイリョウ
7. テンキ
8. ケハイ
9. キョダイ
10. ケンリ
11. ニッカン
12. ゴウダツ
13. ナンキョク
14. ゴクラク
15. カンゴ
16. カンジ
17. コウカイ
18. ゴゴ
19. カイシャ
20. エシャク

제3강

연습 문제

1. 일日
2. ガ
3. 비음성鼻音性

읽기 연습

1. ヘイアン
2. オウベイ
3. サユウ
4. ウセツ
5. ユウリ
6. ウム
7. ヤケイ
8. ガイユウ
9. ガイコク
10. ワギュウ
11. ジンルイ
12. キョウジャク
13. ヒャクマン
14. フクシャチョウ
15. ヒンモク
16. イッパク
17. ケイバツ
18. シンマイ
19. ブンメイ
20. ミョウネン

제4강

연습 문제

1. タ
2. 구개음화口蓋音化
3. 四ツ仮名

읽기 연습

1. トウジ
2. コンテイ
3. ズメン
4. トショカン
5. デンキ
6. テイギ
7. タイシ
8. ダイズ
9. チョクシン
10. ショウジキ
11. ジョシ
12. ニョウボウ
13. チョウナン
14. ダンセイ
15. ナイカク
16. ケイダイ
17. リュウガク
18. ルス
19. ロメン
20. イチロウ

제5강

연습 문제

1. サ
2. 오음 吳音
3. 샤

읽기 연습

1. ソクテイ
2. シュトク
3. ジドウシャ
4. ソンザイ
5. レキシ
6. セイサン
7. カンシャ
8. シャシン
9. サイノウ
10. モジ
11. セイナン
12. トウザイ
13. サイナン
14. ユウシュウ
15. ジュジュ
16. フシン
17. ゼンアク
18. テイシュツ
19. ショモツ
20. ショウグン

제6강

연습 문제

1. 청음 清音
2. 청탁 清濁
3. ジン

읽기 연습

1. ショキ
2. マツゴ
3. ゴウトウ
4. キョウセイ
5. キンム
6. ケンリョク
7. カキ
8. ゲシ
9. コウタイ
10. ガクモン
11. コウタイ
12. ダイリ
13. ヘイワ
14. ビョウドウ
15. チュウショク
16. ビジュツ
17. シメイ
18. ニンゲン
19. シゼン
20. テンネン

제7강

연습 문제

1. クワン
2. ラウ
3. サム
4. カフ
5. ㅅ
6. ㄴ

읽기 연습

1. コウイ
2. カンコウ
3. ヨウフク
4. ヨウソ
5. コンザツ
6. ザッシ
7. タンジョウ
8. チュウゴク
9. テンノウ
10. ハンノウ
11. ガッコウ
12. ガクセイ
13. ショウニ
14. ジドウ
15. ジユウ
16. カイガイ
17. ジコ
18. コジン
19. ヨソク
20. ズノウ

제8강

연습 문제

1. ʌ
2. a
3. ウ

읽기 연습

1. タニン
2. カジ
3. シュッケ
4. カジ
5. カガク
6. ジャマ
7. シサン
8. シカン
9. バクフ
10. ジマク
11. コウギ
12. コウスイ
13. シボウ
14. キンチョウ
15. カンコウ
16. カツリョク
17. サツガイ
18. ダンワ
19. オウトウ
20. ゲンリョウ

제9강

연습 문제

1. 을류
2. 한음 漢音
3. 어

읽기 연습

1. カコ
2. キョネン
3. キョダツ
4. チョショ
5. ニョライ
6. レイブン
7. セイリョク
8. メイレイ
9. キョウト
10. ケイハン
11. ヨクアツ
12. ジョウシャ
13. カジョウ
14. ゲンゴ
15. ベンキョウ
16. カンユウ
17. ハンザイ
18. ギョウカイ
19. オセン
20. ネンブツ

제10강

연습 문제

1. 1
2. 2
3. ヘウ

읽기 연습

1. コジキ
2. コウブツ
3. コウコウ
4. ビョウシャ
5. キミョウ
6. イチビョウ
7. チョウキン
8. ドボク
9. ズツウ
10. コクショ
11. キョウフ
12. ホウシ
13. ヨクボウ
14. チョウセイ
15. ダイク
16. キョウユウ
17. ユウキ
18. フソク
19. コッセツ
20. ロンリ

제11강

연습 문제

1. [유]
2. 8
3. 8-9

읽기 연습

1. トウフ
2. キュウジツ
3. ユウジン
4. ユウラン
5. ユウゲン
6. シュミ
11. キソク
12. ルイケイ
13. イサン
14. ユイゴン
15. キュウデン
16. ジングウ

7. ムシャ
8. ブシ
9. ボニュウ
10. チュウシャ

17. イクセイ
18. フンカ
19. ブンブツ
20. ヒンシツ

제12강

연습 문제

1. [ㅐ]　　2. [애]
3. 아음牙音, 후음喉音

읽기 연습

1. カイゼン
2. アイキョウ
3. ヒガイ
4. キカイ
5. カイシャク
6. フコウ
7. ザイタク
8. レイセイ
9. キュウケイ
10. ゲイジュツ
11. コンレイ
12. ハイシ
13. ゼイキン
14. ケイタイ
15. キカク
16. インサツ
17. ゲカ
18. ガイジン
19. オウダン
20. カクトク

제13강

연습 문제

1. 금　　2. [ㄱㅒ], [ㅒ]
3. 한음漢音

읽기 연습

1. チエ
2. ヨクジツ
3. リキシ
4. チツジョ
5. シンジツ
6. コウフン
7. セッキン
8. オンガク
9. イヨク
10. ショウチョウ
11. インヨウ
12. ソクメン
13. コウオツ
14. ヒツヨウ
15. キンギン
16. オウゴン
17. カイキ
18. イイン
19. ゴイ
20. イチ

제14강

연습 문제

1. 있　　2. 청탁清濁　　3. 알타이

읽기 연습

1. グンタイ
2. ジュウタイ
3. ケンキュウ
4. ニンタイ
5. チンギン
6. ユニュウ
7. ジョウチョ
8. カンリョウ
9. ヒョウシ
10. アイソ
11. オウダ
12. ネンド
13. カンソウ
14. コウコク
15. センタク
16. オウトツ
17. ドウサ
18. ボウリョク
19. ハイボク
20. タクショク

주요 참고 문헌

강신항(2003), 『韓漢音韻史 硏究』 태학사.

엄익상(2008), 『한국한자음 중국식으로 보기』 한국문화사.

김정빈(2007), 『일본오음연구』 책사랑, 2007.

박병채(1971), 『古代國語의 硏究』 고려대학교 출판부.

         (1993), 『古代國語의 音韻比較硏究』 고려대학교 출판부.

백혜영(2016), 『漢和辭典의 字音에 관한 硏究』 동국대학교 박사 논문.

송재한(2012), 『日本 吳音의 韻類體系 硏究』 동국대학교 박사 논문.

오채현(2022), 『日本 宋音과 唐音의 韻類體系 比較硏究』 동국대학교 박사 논문.

이돈주(1995), 『漢字音韻學의 理解』 탑출판사.

이경철(2003), 『한·일 한자음 체계의 비교연구』 보고사.

         (2005), 『佛母大孔雀明王經 字音硏究』 책사랑.

         (2006), 『日本漢字音의 理解』 책사랑.

이상이(2015), 『한국·일본·베트남한자음의 韻類體系 比較硏究』 동국대학교 박사 논문.

최남희 외 편저(2006), 『國語史와 漢字音』 박이정.

최영애(2000), 『中國語音韻學』 통나무.

최지수(2014), 『韓國漢字音의 母胎에 관한 硏究』 동국대학교 박사 논문.

有坂秀世(1957), 『国語音韻史の研究 増補新版』 三省堂.

伊藤智ゆき(2007), 『朝鮮漢字音研究』 汲古書院.

岡本勳(1991), 『日本漢字音の比較音韻史的研究』 桜楓社.

奥村三雄(1973), 『聚分韻略の研究』, 風間書房.

小倉肇(1995), 『日本呉音の研究 第Ⅰ部 研究篇』 新典社.

河野六郎(1979), 『河野六郎著作集2 中国音韻学論文集』 平凡社.

築島裕 編(1995), 『日本漢字音史論輯』 汲古書院.

藤堂明保(1963), 『漢字の語源研究』 學燈社.

藤堂明保·小林博(1971), 『音注 韻鏡校本』 木耳社.

沼本克明(1986), 『日本漢字音の歴史』 東京堂出版.

         (1997), 『日本漢字音の歴史的研究』 汲古書院.

平山久雄(1967), 「中古漢語の音韻」 『中國文化叢書1 言語』 大修館書店.

三根谷徹(1993), 『中古漢語と越南漢字音』 汲古書院.

湯沢質幸(1987), 『唐音の研究』 勉学社.

頼惟勤(1989), 『頼惟勤著作集 中國語音韻論集Ⅰ』 汲古書院.

董同龢(1996), 『漢語音韻學』 文史哲出版社.

潘悟雲(2000), 『漢語歷史音韻學』 上海教育出版社.

王力(1985)・權宅龍 역(1997), 『漢語語音史』 대일.

李方桂(1980), 『上古音研究』 商務印書館.

周法高(1973), 『漢字古今音彙』 香港中文大學出版社.

鄭張尚芳(2003), 『上古音系』 上海教育出版社.

張昇余(2000), 『近世唐音の研究』関西大学 學位論文.

全昌煥(2003), 『日本呉音と中国方言音との音韻的対応についての研究』 新潟大学 學位論文.

羅濟立(2005), 『客家語と日本漢音、鎌倉宋音の比較對照研究』 九州大学 學位論文.

Baxter William(1992), *A Handbook of Old Chinese Phonology.* New York.

B. Karlgren(1954), *Compendium of Phonetics in Ancient and Archic Chinese.* Stockholm.

Coblin, W. South(1983), *A Handbook of Eastern Han Sound Glosses.* HongKong.

Pulleyblank, E. G.(1984), *Middle Chisese : A Studsy in Historical Phonology.* Vancouver.

시원스쿨닷컴